古典精粹

孫子集注

上册

[春秋]孫武 著
[漢]曹操等 注

中国书店

圖書在版編目（CIP）數據

孫子集注 ：全二册 /（春秋）孫武著 ；（漢）曹操等注. — 北京 ：中國書店，2019.9
ISBN 978-7-5149-2189-2

Ⅰ. ①孫… Ⅱ. ①孫… ②曹… Ⅲ. ①兵法－中國－春秋時代②《孫子兵法》－注釋 Ⅳ. ①E892.25

中國版本圖書館CIP數據核字(2018)第214515號

孫子集注（全二册）

[春秋] 孫武　著　[漢] 曹操等　注

責任編輯：趙文傑

出版發行：中國書店
地　　址：北京市西城區琉璃廠東街115號
郵　　編：100050
印　　刷：藝堂印刷（天津）有限公司
開　　本：787毫米×1092毫米　1/16
版　　次：2019年9月第1版　2019年9月第1次印刷
印　　張：46
書　　號：ISBN 978-7-5149-2189-2
定　　價：198.00元（全二册）

出版説明

『古典精粹』叢書收録了耳熟能詳的中國古代典籍，注重趣味性、可讀性。中國古代圖籍内容豐富，涉及門類廣泛，精刻本校勘謹嚴。選擇其中的經典本影印，可爲當代研究提供準確的資料，也可爲普通讀者接觸古籍提供機會。

《孫子集注》十三卷，春秋孫武著，漢曹操等注。孫武，字長卿，尊稱孫子，春秋時期著名軍事家。曹操，字孟德，小字阿瞞，東漢末年杰出的政治家、軍事家、文學家、書法家，三國中曹魏政權的奠基人。除了曹操，其他注家爲孟氏、李筌、賈林、杜佑、杜牧、陳皞、何氏、王晳、梅堯臣、張預。

《孫子兵法》十三篇抽象精辟，字字珠璣，内涵深邃，功用廣闊，蘊含了極爲深刻的謀略與智慧，是中國現存最早、最著名的兵學著作之一，被譽爲『兵學聖典』，置於《武經七書》之首。其十三篇分别是計篇、作戰篇、謀攻篇、形篇、勢篇、虚實篇、軍爭篇、九變篇、行軍篇、地形篇、九地篇、火攻篇、用間篇。《孫子集注》爲宋以前十一家注的彙輯本，十分可貴。曹操的《孫子略解》是當今存世最早的注本。《孫子集注》在體例上嚴格按照《孫子兵法》的篇章順序來做注解，原文占一行，注文另起一行，低原文一格。各家注文以曹注爲基礎，或補充，或引例，或辯難，或勘誤，或證以史實，或另辟新説，表現了前後相繼的關係。

《孫子集注》探求《孫子兵法》之微言精義，比較完備地揭示了《孫子兵法》的思想内涵，也爲後學者揚先賢之妙，校補前哲之闕誤提供了校勘文獻史料。

《孫子集注》原稱爲《十一家注孫子》，存世最早的版本爲宋刊本，明代重刊本改題爲《孫子集注》或《孫子注解》。現存明代版本有如下幾種：明正統十年（一四四五）内府刊《道藏》本；明嘉靖三十四年（一五五五）錫山談愷刊本；明隆慶六年（一五七二）高郵李棣刊本；明萬曆十七年（一五八九）黄邦彦刊本。其中錫山談愷刊本據宋本翻刊，而萬曆十七年（一五八九）刊本又據談愷本刊印。清代以後版本多源自明代各本，如孫星衍《孫子十家注》以華陰《道藏》本爲底本，參以《通典》《太平御覽》等書進行校對和訂正，影響大、流傳廣，然孫氏未見到宋本，又不重視明本，亦有訛誤之處。明嘉靖談愷刊本自宋本出，可與孫星衍本互校。

此次出版《孫子集注》十三卷，係據明嘉靖談愷刊本影印。

中國書店出版社

二〇一九年五月

目録

上册

孫子集注序 一
孫子集注卷之一 九
孫子集注卷之二 七一
孫子集注卷之三 一〇七
孫子集注卷之四 一六九
孫子集注卷之五 二〇三
孫子集注卷之六 二五一
孫子集注卷之七 三一九

下册

孫子集注卷之八 四〇五
孫子集注卷之九 四四三
孫子集注卷之十 五〇九
孫子集注卷之十一 五四九

孫子集注卷之十二　六四九
孫子集注卷之十三　六七五

孫子集註序

歐陽文忠公撰四庫書目言孫子註二十餘家予所見僅此漢有曹操唐有杜牧李筌陳皞孟氏賈林杜佑宋有張預梅堯臣王晳何氏諸家多托之空言而曹操則見之行事者也操嘗刪為新書諸將征伐即以新書授之從者勝違者負今新

書不傳而見於李衛公問答者機權應變
寔本〻孫子其註多隱辭引而不發撮之
所以如是也杜牧自序云孫武死後凡千歲
將兵者有成有敗勘其事跡皆與武所著
書一一相抵當猶印圈模刻一不差跌争解
猶盤中走丸横斜曲直計於臨時不可盡知
其必可知者知丸〻不能出於盤也牧未嘗用

兵觀其與時寧論兵二書謂為古兵柄本出

儒術援古証今若繩裁刀解使其言用山東

不足平矣陳皡註多指謫杜之謬誤人各有

見未必爲樊川病也李筌註依太乙遁甲雜

引諸史以證太乙遁甲與今所存書往往不同

意古書散逸久矣孟氏賈林杜佑即唐紀燮

所集者岐公相業足稱而文章議論亦炳煥

傑出其註另里居時撰見通典張預取歷代
名將用兵制勝有合於孫子者編次為傳於
孫子多所發明梅堯臣註文忠公謂其當與
三家並傳晦翁有定論矣孟氏賈林王皙何
氏雖言人人殊而皆於觀者有所裨益此註之
所以集也夫兵凶器也不得已而用之者也
然不素習於承平之時而姑試于有事之日

吾不知其可也故生而懸弧長而習射冬而講武凡人之所當知者也詩云文武吉甫萬邦爲憲孔子曰有文事者必有武備又曰我戰則克聖人之所以敎者也余夙有四方之志每涉獵群書而尤嗜孫子孫子上謀而後攻脩道而保法論將則曰仁智信勇嚴與孔子合至於戰守攻圍之道批抗擣虛之術山林險

阻之勢料敵用間之謀靡不畢具其他韜鈐機略孰能過之然其言約而該近而遠未易窺測今觀諸家所註或本隱以之顯或由粗而識精或援史而證之以事或因言而實之以人於是孫子之微詞奥義彰彰明矣故曰孫子十三篇不惟武人根本文士亦當盡心焉旨哉言乎予奉

命背軍虔臺進武弁及生儒問之者有知是書

者加撥之以梓以廣其傳

嘉靖乙卯春正月穀日錫山談愷書于虔

臺之思歸軒

孫子集註序

孫子集註卷之一

計篇　曹操曰計者選將量敵度地料卒遠近險易計於廟堂也○李筌曰計者兵之上也太一遁甲先以計神加德宮以斷主客成敗故孫子論兵亦以計為篇首○杜牧曰計算也曰計算何事曰下之五事所謂道天地將法也於廟堂之上先以彼我之五事計算優劣然後定勝負勝負既定然後興師動衆用兵之道莫先此五事故著為篇首耳○王晳曰計者謂計主將天地法令兵衆士卒賞罰也○張預曰管子曰計先定於內而後兵出境故用兵之道以計為首也或曰兵貴臨敵制宜曹公謂計於廟堂者何也曰將之賢愚敵之強弱地之遠近兵之衆寡安得不先計之及乎兩軍相臨變動相應則在於將之所裁非可以臆度也

孫子曰兵者國之大事

杜牧曰傳曰國之大事在祀與戎○張預曰國之安危在兵故講武練兵實先務也

死生之地存亡之道不可不察也

李筌曰兵者凶器死生存亡繫於此矣是以重之恐人輕行者也○杜牧曰國之存亡人之死生皆由於兵故須審察也○賈林曰地猶所也亦謂陳師振旅戰陳之地得其利則生失其便則死故曰死生之地道者權機立勝之道得之則存失之則亡故曰不可不察也書曰有存道者輔而固之有亡道者推而亡之○梅堯臣曰地有死生之勢戰

有存亡之道〇王晳曰兵舉則死生存亡繫之〇
張預曰民之死生兆於此則國之存亡見於彼然
死生曰地存亡曰道者以死生在勝負之地而存
亡繫得失之道也得不重慎審察乎
故經之以五事校之以計而索其情
曹操曰謂下五事七計求彼我之情也〇李筌曰
謂下五事也校量也量計遠近而求物情以應敵
〇杜牧曰經者經度也五者即下所謂五事也校
者校量也計者即篇首計算也索者搜索也情者
彼我之情也此言先須經度五事之優劣次復校

量計筭之得失然後始可搜索彼我勝負之情狀○賈林曰校量彼我之計謀搜索兩軍之情實則長短可知勝負易見○梅堯臣曰經紀五事校定計利○王晳曰經常也又經緯也計者謂下七計索盡也兵之大經不出道天地將法耳就而校之以七計然後能盡彼已勝負之情狀也○張預曰經經緯也上先經緯五事之次序下乃用五事以校計彼我之優劣探索勝負之情狀

一曰道

張預曰恩信使民

二曰天

張預曰上順天時

三曰地

張預曰下知地利

四曰將

張預曰委任賢能

五曰法

杜牧曰此之謂五事也○王晳曰此經之五事也夫用兵之道人和爲本天時與地利則其助也三者具然後議舉兵兵舉必須將能將能然後法修

孫子所次此之謂矣○張預曰節制嚴明夫將與法在五事之末者凡舉兵伐罪廟堂之上先察恩信之厚薄後度天時之逆順次審地形之險易三者已熟然後命將征之兵旣出境則法令一從於將此其次序也

道者令民與上同意也

張預曰以恩信道義撫衆則三軍一心樂爲其用易曰悅以犯難民忘其死

故可以與之死可以與之生而不畏危

曹操曰謂道之以敎令危者危疑也○李筌曰危

亡也以道理衆人自化之得其同用何亡之有○杜牧曰道者仁義也李斯問兵於荀卿答曰彼仁義者所以修政者也政修則民親其上樂其君輕爲之死復對趙孝成王論兵曰百將一心三軍同力臣之於君也下之於上也若子之事父弟之事兄若手臂之捍頭目而覆胷臆也如此始可令與上下同意死生同致不畏懼於危疑也○陳皥註同杜牧○孟氏曰一作人不疑謂始終無二志也一作人不危道謂道之以政令齊之以禮教故能化服士民與上下同一也故用兵之妙以權術爲

道大道廢而有法法廢而有權權廢而有勢勢廢而有術術廢而有數大道淪替人情詭僞非以權數而取之則不得其欲也故其權術之道使民上下同進趨共愛憎一利害故人心歸於德得人之力無私之至也故百萬之衆其心如一可與俱同死力動而不至危亡也臣之於君下之於上若子之事父弟之事兄若手臂之捍頭目而覆胷臆也如此始可與上同意死生同致不畏懼於危疑○賈林曰將能以道爲心與人同利共患則士卒服自然心與上者同也使士卒懷我如父母視敵如

仇讎者非道不能也黄石公云得道者昌失道者
亡○杜佑曰謂導之以政令齊之以禮教也危者
疑也上有仁施下能致命也故與處存亡之難不
畏傾危之敗若晉陽之圍沈竈産蛙人無叛疑心
矣○梅堯臣曰危戾也主有道則政教行人心同
則危戾去故主安與安主危與危○王晳曰道謂
主有道能得民心也夫得民之心者所以得死力
也得死力者所以濟患難也易曰悅以犯難民忘
其死如是則安畏危難之事乎○張預曰危疑也
士卒感恩死生存亡與上同之決然無所疑懼

天者陰陽寒暑時制也

曹操曰順天行誅因陰陽四時之制故司馬法曰冬夏不興師所以兼愛民也○李筌曰應天順人因時制敵○杜牧曰陰陽者五行刑德向背之類是也今五緯行止最可據驗巫咸甘氏石氏唐蒙史墨梓慎裨竈之徒皆有著述咸稱秘奥察其指歸皆本人事準星經曰歲星所在之分不可攻攻之反受其殃也左傳昭三十二年夏吳伐越始用師於越史墨曰不及四十年越其有吳乎越得歲而吳伐之必受其凶註曰存亡之數不過三紀歲

月三周三十六歲故曰不及四十年也此年歲在
星紀星紀吳分也歲星所在其國有福吳先用兵
故反受其殃哀二十二年越滅吳至此三十八歲
也李淳風曰天下誅秦歲星聚於東井秦政暴虐
失歲星仁和之理違歲星恭肅之道拒諫信讒是
故胡亥終於滅亡復曰歲星清明潤澤所在之國
分大吉君令合於時則歲星光喜年豐人安君尚
暴虐令人不便則歲星色芒角而怒則兵起由此
言之歲星所在或有福德或有災祥豈不皆本於
人事乎夫吳越之君德均勢敵闔閭興師志於吞

滅非爲拯民故歲星福越而禍吳秦之殘酷天下誅之上合天意故歲星禍秦而祚漢熒惑罰星也宋景公出一善言熒惑退移三舍而延二十七年以此推之歲爲善星不福無道火爲罰星不罰有德舉此二者其他可知況所臨之分隨其政化之善惡各變其本色芒角大小隨爲禍福各隨時而占之淳風曰夫形器著於下精象係於上近取之身耳目爲肝腎之用鼻口實心腹所資彼此影響豈不然歟易曰在天成象在地成形變化見矣蓋本於人事而已矣刑德向背之說尤不足信夫刑

德天官之陳背水陳者爲絶紀向山坂陳者爲廢軍武王伐紂背清水向山坂而陳以二萬二千五百人擊紂之億萬而滅之今可目睹者國家自元和已至今三十年間凡四伐趙冦昭義軍加以數道之衆常號十萬圍之臨城縣攻其南不拔攻其北不拔攻其東不拔攻其西不拔其四度圍之通有十歲十歲之內東西南北豈有刑德向背王相吉辰哉其不拔者豈不曰城堅池深糧多人一哉復以往事驗之秦累世戰勝竟滅六國豈天道二百年間常在乾方福德常居鶉首豈不曰穆公已

還甲身趨士務耕戰明法令而致之乎故梁惠王問尉繚子曰黄帝有刑德可以百戰百勝其有之乎尉繚子曰不然黄帝所謂刑德者刑以伐之德以守之非世之所謂刑德也夫舉賢用能者不時日而利明法審令者不卜筮而吉貴功養勞者不禱祠而福周武王伐紂師次于氾水共頭山風雨疾雷鼓旗毀折王之驂乘惶懼欲死太公曰夫用兵者順天道未必吉逆之未必凶若失人事則三軍敗亡且天道鬼神視之不見聽之不聞故智者不法愚者拘之若乃好賢而任能舉事而得時此

則不看時日而事利不假卜筮而事吉不待禱祠而福從遂命驅之前進周公曰今時逆太歲龜灼言凶卜筮不吉星凶爲災請還師太公怒曰今紂剖比干囚箕子以飛廉爲政伐之有何不可枯草朽骨安可知乎乃焚龜折蓍率衆先涉武王從之遂滅紂宋高祖圍慕容超於廣固將攻城諸將咸諫曰今往亡之日兵家所忌高祖曰我往彼亡吉孰大焉乃命悉登遂克廣固後魏太祖武帝討後燕慕容麟甲子晦日進軍太史令鼂崇奏曰昔紂以甲子日亡帝曰周武豈不以甲子日勝乎崇無

以對遂戰破之後魏太武帝征夏赫連昌於統萬城師次城下昌鼓譟而前會有風雨從賊後來太史進曰天不助人將士飢渴願且避之崔浩曰千里制勝一日豈得變易風道在人豈有常也帝從之昌軍大敗或曰如此者陰陽向背定不足信孫子敘之何也答曰夫暴君昏主或爲一踜一馬則必殘人逞志非以天道鬼神誰能制止故孫子敘之蓋有深旨寒暑時氣節制其行止也周瑜爲孫權數曹公四敗一曰今盛寒馬無藁草驅中國士衆遠涉江湖不習水土必生疾病此用兵之忌也

寒暑同歸於天時故緫以敘之也○孟氏曰兵者
法天運也陰陽者剛柔盈縮也用陰則沉虛固靜
用陽則輕捷猛厲後則用陰先則用陽陰無蔽也
陽無察也陰陽之象無定形故兵法天天有寒暑
兵有生殺天則應殺而制物兵則應機而制形故
曰天也○賈林曰讀時制爲時氣謂從其善時占
其氣候之利也○杜佑曰謂順天行誅因陰陽四
時剛柔之制○梅堯臣曰兵必參天道順氣候以
時制之所謂制也司馬法曰冬夏不興師所以兼
愛民也○王晳曰謂陰陽總天道五行四時風雲

氣象也善消息之以助軍勝然非異人特授其訣則末由也若黃石授書張良乃太公兵法是也意者豈天機神密非常人所得知耶其諸十數家紛紜抑未足以取審矣寒暑若吳起云疾風大寒盛夏炎熱之類時制因時利害而制宜也范蠡云天時不作弗爲人客是也○張預曰夫陰陽者非孤虛向背之謂也蓋兵自有陰陽耳范蠡曰後則用陰先則用陽盡敵陽節盈吾陰節而奪之又云設右爲牝益左爲牝早晏以順天道李衛公解曰左右者人之陰陽早晏者天之陰陽奇正者天人相

變之陰陽此皆言兵自有陰陽剛柔之用非天官日時之陰陽也今觀尉繚子天官之篇則義最明矣太白陰經亦有天無陰陽之篇皆著爲卷首欲以決世人之惑也太公曰聖人欲止後世之亂故作爲譎書以寄勝於天道無益於兵也是亦然矣唐太宗亦曰凶器無甚於兵行兵苟便於人事豈以避忌爲疑也寒暑者謂冬夏興師也漢征匈奴士多墮指馬援征蠻卒多疫死皆冬夏興師故也時制者謂順天時而制征討也太白陰經言天時者乃水旱蝗雹荒亂之天時非孤虛向背之天時

也

地者遠近險易廣狹死生也

曹操曰言以九地形勢不同因時制利也論在九地篇中○李筌曰得形勢之地有死生之勢○梅堯臣曰知形勢之利害○張預曰凡用兵貴先知地形知遠近則能爲迂直之計知險易則能審步騎之利知廣狹則能度衆寡之用知死生則能識戰散之勢也

將者智信仁勇嚴也

曹操曰將宜五德備也○李筌曰此五者爲將之

德故師有丈人之稱也○杜牧曰先王之道以仁爲首兵家者流用智爲先蓋智者能機權識變通也信者使人不惑於刑賞也仁者愛人憫物知勤勞也勇者決勝乘勢不逡巡也嚴者以威刑肅三軍也楚申包胥使於越越王勾踐將伐吳問戰焉夫戰智爲始仁次之勇次之不智則不能知民之極無以詮度天下之衆寡不仁則不能與三軍共飢勞之殃不勇則不能斷疑以發大計也○賈林曰專任智則賊偏施仁則懦固守信則愚恃勇力則暴令過嚴則殘五者兼備各適其用則可爲將

帥○梅堯臣曰智能發謀信能賞罰仁能附衆勇能果斷嚴能立威○王晳曰智者先見而不惑能謀慮通權變也信者號令一也仁者惠撫惻隱得人心也勇者徇義不懼能果毅也嚴者以威嚴肅衆心也五者相須闕一不可故曹公曰將宜五德備也○何氏曰非智不可以料敵應機非信不可以訓人率下非仁不可以附衆撫士非勇不可以決謀合戰非嚴不可以服强齊衆全此五才將之體也○張預曰智不可亂信不可欺仁不可暴勇不可懼嚴不可犯五德皆備然後可以爲大將

法者曲制官道主用也

曹操曰部曲旛幟金鼓之制也官者百官之分也道者糧路也主者主軍費用也○李筌曰曲部曲也制節度也官爵賞也道路也主掌也用者軍資用也皆師之常法而將所治也○杜牧曰曲者部曲隊伍有分畫也制者金鼓旌旗有節制也官者偏裨校列各有官司也道者營陳開闔各有道徑也主者管庫廝養職守主張其事也用者車馬器械三軍須用之物也荀卿曰械用有數夫兵者以食為本須先計糧道然後興師○梅堯臣曰曲制

部曲隊伍分畫必有制也官道裨校首長統率必有道也主用主軍之資糧百物必有用度也○王晳曰曲者卒伍之屬制者節制其行列進退也官者羣吏偏裨也道者軍行及所舍也主者主守其事用者凡軍之用謂輜重糧積之屬○張預曰曲部曲也制節制也官謂分偏裨之任道謂利糧餉之路主者職掌軍資之人用者計度費用之物六者用兵之要宜處置有其法

凡此五者將莫不聞知之者勝不知者不勝

張預曰已上五事人人同聞但深曉變極之理則

勝不然則敗

故校之以計而索其情

曹操曰同聞五者將知其變極卽勝也索其情者勝負之情○杜牧曰謂上五事將欲聞知校量計筭彼我之優劣然後搜索其情狀乃能必勝不爾則敗○賈林曰書云非知之艱行之惟艱○王晳曰當盡知也言雖周知五事待七計以盡其情也○張預曰上已陳五事自此而下方考校彼我之得失探索勝負之情狀也

曰主孰有道

曹操曰道德智能○李筌曰孰實也有道之主必有智能之將范增辭楚陳平歸漢即其義也○杜牧曰孰誰也言我與敵人之主誰能遠佞親賢任人不疑也杜佑曰主君也道道德也必先考校兩國之君誰知誰否也若荀息料虞公貪而好寶宮之奇懦而不能强諫是也○梅堯臣曰誰能得人心也○王晳曰若韓信言項王匹夫之勇婦人之仁名雖為霸實失天下心謂漢王入武關秋毫無所害除秦苛法秦民亡不欲大王王秦者是也○何氏曰書曰撫我則后虐我則讎撫虐之政孰有

之也○張預曰先校二國之君誰有恩信之道卽
上所謂令民與上同意者之道也若淮陰料項王
仁勇過高祖而不賞有功爲婦人之仁亦是也
將孰有能
杜牧曰將孰有能者上所謂智信仁勇嚴若漢高
祖料魏將柏直不能當韓信之類也
天地孰得
曹操李筌並曰天時地利○杜牧曰天者上所謂
陰陽寒暑時制也地者上所謂遠近險易廣狹死
生也○杜佑曰視兩軍所據知誰得天時地利○

梅堯臣曰稽合天時審察地利○王晳同杜牧註○張預曰觀兩軍所舉誰得天時地利若魏武帝盛冬伐吳慕容超不據大峴則失天時地利者也

法令孰行

曹操曰設而不犯犯而必誅○杜牧曰縣法設禁貴賤如一魏絳戮僕曹公斷髮是也○杜佑曰發號出令校孰下不敢犯○梅堯臣曰齊衆以法一衆以令○王晳曰孰能法明令便人聽而從○張預曰魏絳戮揚干穰苴斬莊賈呂蒙誅鄉人臥龍刑馬謖茲所謂設而不犯犯而必誅誰爲如此

兵衆孰强

杜牧曰上下和同勇於戰爲强卒衆車多爲强○梅堯臣曰內和外附○王晳曰强弱足以相刑而知○張預曰車堅馬良士勇兵利聞鼓而喜聞金而怒誰者爲然

士卒孰練

杜牧曰辨旌旗審金鼓明開合知進退閑馳逐便弓矢習擊刺也○杜佑曰知誰兵器强利士卒簡練者故王子曰士不素習當陳惶惑將不素習臨陳闇變○梅堯臣曰車騎閑習孰國精粗○王晳

曰孰訓之精○何氏曰勇怯強弱豈能一槩○張預曰離合聚散之法坐作進退之令誰素閑習

賞罰孰明

杜牧曰賞不僭刑不濫○杜佑曰賞善罰惡知誰分明者故王子曰賞無度則費而無恩罰無度則戮而無威○梅堯臣曰賞有功罰有罪○王晳曰孰能賞必當功罰必稱情○張預曰當賞者雖仇怨必錄當罰者雖父子不舍又司馬法曰賞不逾時罰不遷列於誰爲明

吾以此知勝負矣

曹操曰以七事計之知勝負矣○賈林曰以上七事量校彼我之政則勝敗可見○梅堯臣曰能索其情則知勝負○張預曰七事俱優則未戰而先勝七事俱劣則未戰而先敗故勝負可預知也

將聽吾計用之必勝留之將不聽吾計用之必敗去之

曹操曰不能定計則退而去也○杜牧曰若彼自備護不從我計形勢均等無以相加用戰必敗引而去之故春秋傳曰允當則歸也○陳皥曰孫武以書干闔閭曰聽用吾計策必能勝敵我當留之

不去不聽吾計策必當負敗我去之不留以此感動闔閭庶必見用故闔閭曰子之十三篇寡人盡觀之矣其時闔閭行軍用師多自為將故不言主而言將也○孟氏曰將裨將也聽吾計畫而勝則留之違吾計畫而敗則除去之○梅堯臣曰武以十三篇干吳王闔閭故首篇以此辭動之謂王將聽吾計而用戰必勝我當留此也王將不聽我計而用戰必敗我當去此也○王晳曰將行也用謂用兵耳言行聽吾此計用兵則必勝我當留行不聽吾此計用兵則必敗我當去也○張預曰將辭

也孫子謂令將聽吾所陳之計而用兵則必勝我乃留此矣將不聽吾所陳之計而用兵則必敗我乃去之他國矣以此辭激吳王而求用

計利以聽乃爲之勢以佐其外

曹操曰常法之外也○李筌曰計利既定乃乘形勢之勢也佐其外者常法之外也○杜牧曰計算利害是軍事根本利害已見聽用然後於常法之外更求兵勢以助佐其事也賈林曰計其利聽其謀得敵之情我乃設奇譎之勢以動之外者或傍攻或後躡以佐正陳○梅堯臣曰定計於內爲勢

於外以助成勝○王晳曰吾計之利已聽復當知應變以佐其外○張預曰孫子又謂吾所計之利若已聽從則我當復爲兵勢以佐助其事於外蓋兵之常法即可明言於人兵之利勢須因敵而爲

勢者因利而制權也

曹操曰制由權也權因事制也○李筌曰謀因事勢○杜牧曰自此便言常法之外勢夫勢者不可先見或因敵之害見我之利或因敵之利見我之害然後始可制機權而取勝也○梅堯臣曰因利行權以制之○王晳曰勢者乘其變者也○張預

曰所謂勢者須因事之利制爲權謀以勝敵耳故不能先言也自此而後略言權變

兵者詭道也

曹操曰兵無常形以詭詐爲道○李筌曰軍不厭詐○梅堯臣曰非譎不可以行權非權不可以制敵○王晳曰詭者所以求勝敵御衆必以信也○張預曰用兵雖本於仁義然其取勝必在詭詐故曳柴揚塵欒枝之譎也萬弩齊發孫臏之奇也千牛倶奔田單之權也囊沙壅水淮陰之詐也此皆用詭道而制勝也

故能而示之不能

張預曰實强而示之弱實勇而示之怯李牧敗匈奴孫臏斬龐涓之類也

用而示之不用

李筌曰言已實用師外示之怯也漢將陳豨反連兵匈奴高祖遣使十輩視之皆言可擊復遣婁敬報曰匈奴不可擊上問其故對曰夫兩國相制宜矜誇其長今臣往徒見羸老此必能而示之不能臣以爲不可擊也高祖怒曰齊虜以口舌得官今妄沮吾衆械婁敬于廣武以三十萬衆至白登高

祖爲匈奴所圍七日乏食此師外示之以怯之義也○杜牧曰此乃詭詐藏形夫形也者不可使見於敵敵人見形必有應傳曰鷙鳥將擊必藏其形如匈奴示羸老於漢使之義也○杜佑曰言已實能用外示之以不能不用使敵不我備也若孫臏減竈而制龐涓○王晳曰强示弱勇示怯治示亂實示虛智示愚衆示寡進示退速示遲取示捨彼示此○何氏曰能而示之不能者如單于羸師誘高祖圍于平城是也用而示之不用者如李牧按兵於雲中大敗匈奴是也○張預曰欲戰而示之

退欲速而示之緩班超擊莎車趙奢破秦軍之類也

近而示之遠遠而示之近

李筌曰令敵失備也漢將韓信虜魏王豹初陳舟欲渡臨晉乃潛師浮木罌從夏陽襲安邑而魏失備也耿弇之征張步亦先攻臨淄皆示遠勢也○杜牧曰欲近襲敵必示以遠去之形欲遠襲敵必示以近進之形韓信盛兵臨晉而渡於夏陽此乃示以近形而遠襲敵也後漢末曹公袁紹相持官渡紹遣將郭圖淳于瓊顏良等攻東郡太守劉延

於白馬紹引兵至黎陽將渡河曹公北救延津荀
攸曰今兵少不敵分兵勢乃可公致兵延津將欲
渡兵向其後紹必西應之然後輕兵襲白馬掩其
不備顏良可擒也公從之紹聞兵渡卽留分兵西
應之公乃引軍行趨白馬未至十餘里良大驚來
戰使張遼關羽前進擊破斬顏良解白馬圍此乃
示以遠形而近襲敵也○賈林曰去就在我敵何
由知○杜佑曰欲近而設其遠也欲遠而設其近
也誑耀敵軍示之以遠本從其近若韓信之襲安
邑○梅堯臣曰使其不能顧○王晳同上註○何

氏曰遠而示之近者韓信陳舟臨晉而渡夏陽是也近而示之遠者晉侯伐虢假道于虞是也○張預曰欲近襲之反示以遠吳與越夾水相距越為左右句卒相去各五里夜爭鳴鼓而進吳人分以禦之越乃潛涉當吳中軍而襲之吳大敗是也欲遠攻之反示以近韓信陳兵臨晉而渡於夏陽是也

利而誘之

杜牧曰趙將李牧大縱畜牧人衆滿野匈奴小入佯北不勝以數千人委之單于聞之大喜率衆大

至牧多爲奇陳左右夾擊大破殺匈奴十餘萬騎也○賈林曰以利動之動而有形我所以因形制勝也○梅堯臣曰彼貪利則以貨誘之○何氏曰利而誘之者如赤眉委輜重而餌鄧禹是也○張預曰示以小利誘而克之若楚人伐絞莫敖曰絞小而輕請無扞采樵者以誘之於是絞人獲楚三十人明日絞人爭出驅楚役徒於山中楚人設伏兵於山下而大敗之是也

亂而取之

李筌曰敵貪利必亂也秦王姚興征禿髮傉檀悉

驅部內牛羊散放於野縱秦人虜掠秦人得利旣無行列傳檀險分十將掩而擊之大敗秦人斬首七千餘級亂而取之之義也○杜牧曰敵有昏亂可以乘而取之傳曰兼弱攻昧取亂侮亡武之善經也○賈林曰我令姦智亂之候亂而取之也○梅堯臣曰彼亂則乘而取之○王皙曰亂謂無節制取言易也○張預曰詐爲紛亂誘而取之若吳越相攻吳以罪人三千示不整以誘越罪人或奔或止越人爭之爲吳所敗是也言敵亂而後取者非也春秋之法凡書取者言易也魯師取鄟是也

實而備之

曹操曰敵治實須備之也○李筌曰備敵之實蜀將關羽欲圖魏之樊城懼吳將呂蒙襲其後乃多留備兵守荆州蒙陰知其旨遂詐之以疾羽乃撤去備兵遂爲蒙所取而荆州沒吳則其義也○杜牧曰對壘相持不論虛實常須爲備此言居常無事鄰封接境敵若脩政治實上下相愛賞罰明信士卒精練卽須備之不待交兵然後爲備也○陳皥曰敵若不動完實我當謹備亦自實以備敵也○梅堯臣曰彼實則不可不備○王晳曰彼將有

以擊吾之不備也○何氏曰彼敵但見其實而未見其虛之形則當蓄力而備之也○張預曰經曰角之而知有餘不足之處有餘則實也不足則虛也言敵人兵勢既實則我當爲不可勝之計以待之勿輕舉也李靖軍鏡曰觀其虛則進見其實則止

強而避之

曹操曰避其所長也○李筌曰量力也楚子伐隨隨之臣季梁曰楚人上左君必左無與王遇且攻其右右無良焉必敗偏敗衆乃攜矣少師曰不當

王非敵也不從隨師敗績隨侯逸攻强之敗也○杜牧曰逃避所長言敵人乘兵强氣鋭則當須且囬避之待其衰懈候其間隙而擊之晉末嶺南賊盧循徐道覆乘虚襲建鄴劉裕禦之曰賊若新亭直上且當避之囬泊蔡洲乃成擒耳徐道覆欲焚舟直上循以爲不可乃泊於蔡洲竟以敗滅○賈林曰以弱制强理須待變○杜佑曰彼府庫充實士卒鋭盛則當退避以伺其虚懈觀變而應之○梅堯臣曰彼强則我當避其鋭○王晳曰敵兵精鋭我勢寡弱則須退避○張預曰經曰無邀正正

之旗無擊堂堂之陳言敵人行陳修整節制嚴明則我當避之不可輕肆也若秦晉相攻交綏而退蓋各防其失敗也

怒而撓之

曹操曰待其衰懈也○李筌曰將之多怒者權必易亂性不堅也漢相陳平謀撓楚權以太牢具進楚使驚曰是亞父使邪乃項王使邪此怒撓之者也○杜牧曰大將剛戾者可激之令怒則逞志快意志氣撓亂不顧本謀也○孟氏曰敵人盛怒當屈撓之○梅堯臣曰彼褊急易怒則撓之使憤激

輕戰○王晳曰敵持重則激怒以撓之○何氏曰
怒而撓之者漢兵擊曹咎於氾水是也○張預曰
彼性剛忿則辱之令怒志氣撓惑則不謀而輕進
若晉人執宛春以怒楚是也尉繚子曰寬不可激
而怒言性寬者則不可激怒而致之也

卑而驕之

李筌曰幣重而言甘其志不小後趙石勒稱臣於
王浚左右欲擊之浚曰石公來欲奉我耳敢言擊
者斬設饗禮以待之勒乃驅牛羊數萬頭聲言上
禮實以塡諸街巷使浚兵不得發乃入薊城擒浚

於廳斬之而弃燕甲而驕之則其義也○杜牧曰秦末匈奴冒頓初立東胡强使使謂冒頓曰欲得頭曼時千里馬冒頓以問羣臣羣臣皆曰千里馬國之寶勿與冒頓曰奈何與人鄰國愛一馬乎遂與之居頃之東胡使使來曰願得單于一閼氏冒頓問羣臣皆怒曰東胡無道乃求閼氏請擊之冒頓曰與人鄰國愛一女子乎與之居頃之東胡復曰匈奴有棄地千里吾欲有之冒頓問羣臣羣臣皆曰與之亦可不與亦可冒頓大怒曰地者國之本也本何可與諸言與者皆斬之冒頓上馬令國

中有後者斬東襲東胡東胡輕冒頓不爲之備冒頓擊滅之冒頓遂西擊月氏南幷樓煩白羊河南北侵燕代悉復收秦所使蒙恬所奪匈奴地也○陳皥曰所欲必無所顧惜子女以惑其心玉帛以驕其志范蠡鄭武之謀也○杜佑曰彼其舉國興師怒而欲進則當外示屈撓以高其志俟惰歸要而擊之故王子曰善用法者如狸之與鼠力之與智示之猶卑靜而下之○梅堯臣曰示以卑弱以驕其心○王皙曰示卑弱以驕之彼不虞我而擊其間○張預曰或卑辭厚賂或羸師佯北皆所以

令其驕怠吳子伐齊越子率衆而朝王及列士皆有賂吳人皆喜惟子胥懼曰是豢吳也後果爲越所滅楚伐庸七遇皆北庸人曰楚不足與戰矣遂不設備楚子乃爲二隊以伐之遂滅庸皆其義也

佚而勞之

一本作引而勞之○曹操曰以利勞之○李筌曰敵佚而我勞之者善功也吳伐楚公子光問計於伍子胥子胥曰可爲三師以肆焉我一師至彼必盡衆而出彼出我歸亟肆以疲之多方以誤之然後三師以繼之必大克從之楚於是乎始病吳矣

○杜牧曰吳公子光問伐楚於伍員員曰可為三軍以肆焉我一師至彼必盡出彼出則歸亟肆以疲之多方以誤之然後三師以繼之必大克從之於是子重一歲七奔命於是乎始病吳終入郢後漢末曹公既破劉備備奔袁紹引兵欲與曹公戰別駕田豐曰操善用兵未可輕舉不如以久持之將軍據山河之固有四州之地外結英豪內修農戰然後揀其精銳分為奇兵乘虛迭出以擾河南救右則擊其左救左則擊其右使敵疲於奔命人不安業我未勞而彼已困矣不及三年可坐克也

今釋廟勝之策而決成敗於一戰悔無及也紹不從故敗○梅堯臣曰以我之佚待彼之勞○王晳曰多奇兵也彼出則歸彼歸則出救左則右救右則左所以罷勞之也○何氏曰孫子有治力之法以佚而待勞故論敵佚我宜多方以勞弊之然後可以制勝○張預曰我則力全彼則道敝若晉楚爭鄭久而不決晉知武子乃分四軍爲三部晉各一動而楚三來於是三駕而楚不能與之爭又申公巫臣教吳伐楚於是子重一歲七奔命是也

親而離之

曹操曰以間離之○李筌曰破其行約間其君臣而後攻也昔秦伐趙秦相應侯間於趙王曰我惟懼趙用括耳廉頗易與也趙王然之乃用括代頗爲秦所坑卒四十萬於長平則其義也○杜牧曰言敵若上下相親則當以厚利啗而離間之陳平言於漢王曰今項王骨鯁之臣不過亞父鍾離眜龍且周殷之屬不過數人大王誠能捐數萬斤金間其君臣彼必内相誅漢因舉兵而攻之滅楚必矣漢王然之出黄金四萬斤與平使之反間項王果疑亞父不急擊下滎陽漢王遁去○陳皞曰彼

恡爵祿此必捐之彼嗇財貨此必輕之彼好殺罰此必緩之因其上下相猜得行離間之說由余所以歸秦英布所以佐漢也○杜佑曰以利誘之使五間並入辯士馳說親彼君臣分離其形勢若秦遣反間欺誑趙君使廢廉頗而任趙奢之子卒有長平之敗○梅堯臣同杜牧註○王晳曰敵相親當以計謀離間之○張預曰或間其君臣或間其交援使相離貳然後圖之應侯間趙而退廉頗陳平間楚而逐范增是君臣相離也秦晉相合以伐鄭燭之武夜出說秦伯曰今得鄭則歸於晉無益

於秦也不如捨鄭以爲東道主秦伯悟而退師是

交援相離也

攻其無備出其不意

曹操曰擊其懈怠出其空虛○李筌曰擊懈怠襲

空虛○杜牧曰擊其空虛襲其懈怠○孟氏曰擊

其空虛襲其懈怠使敵不知所以備也故曰兵者

無形爲妙太公曰動莫神於不意謀莫善於不識

○梅堯臣王晳二註同上○何氏曰攻其無備者

魏太祖征烏桓郭嘉曰胡恃其遠必不設備因其

無備卒然擊之可破滅也太祖行至易水嘉曰兵

貴神速今千里襲人輜重多難以趨利不如輕兵兼道以出掩其不意乃寄出盧龍塞直指單于庭合戰大破之唐李靖陳十策以圖蕭銑總管三軍之任一以委靖八月集兵夔州銑以時屬秋潦江水泛漲三峽路危必謂靖不能進遂不設備九月靖率兵而進曰兵貴神速機不可失今兵始集銑尚未知乘水漲之勢倏忽至城下所謂疾雷不及掩耳縱使知我倉卒無以應敵此必成擒也進兵至夷陵銑始懼召兵江南果不能至勒兵圍城銑遂降出其不意者魏末遣將鍾會鄧艾伐蜀蜀將

姜維守劍閣鍾會攻維未克艾上言請從陰平由邪徑出劍閣西入成都奇兵衝其腹心劍閣之軍必還赴涪則會方軌而進劍閣之軍不還則應涪之兵寡矣軍志云攻其無備出其不意今掩其空虛破之必矣冬十月艾自陰平行無人之地七百餘里鑿山通道造作橋閣山高谷深至爲艱險又糧運將匱瀕於危殆艾以氊自裹推轉而下將士皆攀木緣崖魚貫而進先登至江油蜀守將馬邈降諸葛瞻自涪還綿行列陳相拒大敗之斬瞻及尚書張遵等進軍至成都蜀主劉禪降又齊神武

爲東魏將率兵伐西魏屯軍蒲坂造三道浮橋渡河又遣其將竇泰趣潼關高敖曹圍洛州西魏將周文帝出軍廣陽召諸將謂曰賊今掎吾三面又造橋於河示欲必渡欲綴吾軍使竇泰得西入耳久與相持其計得行非良策也且高歡用兵常以泰爲先驅其下多銳卒屢勝而驕今出其不意襲之必克克泰則歡不戰而自走矣諸將咸曰賊在近捨而遠襲事若蹉跌悔無可及周文曰歡前再襲潼關吾軍不過霸上今者大來兵未出郊賊顧謂吾但自守耳無遠鬭意又狃於得志有輕我心

乘此擊之何往不克賊雖造橋未能征渡比五日中吾取竇泰必矣公等勿疑周文遂率騎六千還長安聲言欲往隴右辛亥潛出軍癸丑晨至潼關竇泰卒聞軍至惶懼依山爲陳未及成列周文擊破之斬泰傳首長安高敖曹適陷洛州聞泰没燒輜重棄城而走○張預曰攻無備者謂懈怠之處敵之所不虞者則擊之若燕人畏鄭三軍而不虞制人爲制人所敗是也出不意者謂虛空之地敵不以爲慮者則襲之若鄧艾伐蜀行無人之地七百餘里是也

此兵家之勝不可先傳也

曹操曰傳猶洩也兵無常勢水無常形臨敵變化不可先傳也故料敵在心察機在目也○李筌曰無備不意攻之必勝此兵之要祕而不傳也○杜牧曰傳言也此言上之所陳悉用兵取勝之策固非一定之制見敵之形始可施爲不可先事而言也○梅堯臣曰臨敵應變制宜豈可預前言之○王晳曰夫校計行兵是謂常法若乘機決勝則不可預傳述也○張預曰言上所陳之事乃兵家之勝策須臨敵制宜不可以預先傳言也

夫未戰而廟筭勝者得筭多也未戰而廟筭不勝者得筭少也多筭勝少筭不勝而況於無筭乎吾以此觀之勝負見矣

曹操曰以吾道觀之矣○李筌曰夫戰者決勝廟堂然後與人爭利凡伐叛懷遠推亡固存兼弱攻昧皆物情之所出中外離心如商周之師者是爲未戰而廟筭勝太一遁甲置筭之法因六十筭已上爲多筭六十筭已下爲少筭客多筭臨少筭主人敗客少筭臨多筭主人勝此皆勝敗易見矣○杜牧曰廟筭者計筭於廟堂之上也○梅堯臣曰

多筭故未戰而廟謀先勝少筭故未戰而廟謀不勝是不可無筭矣○王晳曰此懼學者惑不可先傳之說故復言計篇義也○何氏曰計有巧拙成敗繫焉○張預曰古者興師命將必致齋於廟授以成筭然後遣之故謂之廟筭籌筴深遠則其計所得者多故未戰而先勝謀慮淺近則其計所得者少故未戰而先負多計勝少計其無計者安得無敗故曰勝兵先勝而後求戰敗兵先戰而後求勝有計無計勝負易見

孫子集註卷之一

孫子集註卷之二

作戰篇曹操曰欲戰必先筭其費務因糧於敵也○李筌曰先定計然後修戰具是以戰次計之篇也○王晳曰計以知勝然後興戰而具軍費猶不可以久也○張預曰計筭已定然後完車馬利器械運糧草約費用以作戰備故次計

孫子曰凡用兵之法馳車千駟革車千乘帶甲十萬

曹操曰馳車輕車也駕駟馬革車重車也言萬騎之重車駕四馬率三萬軍養二人主炊家子一人主保固守衣裝廐二人主養馬凡五人步兵十人重以大車駕牛養二人主炊家子一人主守衣裝凡三人也帶甲十萬士卒數也○李筌曰馳車戰

車也革車輕車也帶甲步卒車一兩駕以駟馬步卒七十人計千駟之軍帶甲七萬馬四千匹孫子約以軍資之數以十萬爲率則百萬可知也○杜牧曰輕車乃戰車也古者車戰革車輜車重車也載器械財貨衣裝也司馬法曰一車甲士三人步卒七十二人炊家子十人固守衣裝五人廐養五人樵汲五人輕車七十五人重車二十五人故二乘兼一百人爲一隊舉十萬之衆革車千乘校其費用支計則百萬之衆皆可知也○梅堯臣曰馳車輕車也革車重車也凡輕車一乘甲士步卒二

十五人重車一乘甲士步卒七十五人舉二車各千乘是帶甲者十萬人○王晳曰曹公曰輕車也駕駟馬凡千乘晳謂馳車謂駕革車也一乘四馬爲駟千駟則革車千乘曹公曰重車也晳謂革車兵車也有五戎千乘之賦諸侯之大者曹公曰帶甲十萬步卒數也晳謂井田之法甸出兵車一乘甲士三人步卒七十二人千乘總七萬五千人此言帶甲十萬豈當時權制歟○何氏曰十萬舉成數也○張預曰馳車即攻車也革車即守車也按曹公新書云攻車一乘前拒一隊左右角二隊共

七十五人守車一乘炊子十人守裝五人廄養五人樵汲五人共二十五人攻守二乘凡一百人興師十萬則用車二千輕重各半與此同矣

千里饋糧

曹操曰越境千里○李筌曰道理縣遠則內外之費賓客之用膠漆之材車甲之奉日費千金然後十萬之師舉矣

曹操曰謂購賞猶在外○李筌曰夫軍出於外則帑藏竭於內舉千金者言多費也千里之外贏糧則二十人奉一人也○杜牧曰軍有諸侯交聘之

禮故曰賓客也車甲器械完緝修繕言膠漆者舉
其微細千金者言費用多也猶贈賞在外也○賈
林曰計費不足未可以興師動衆故李太尉曰三
軍之門必有賓居論議○梅堯臣曰舉師十萬饋
糧千里日費如此師久之戒也○王晳曰内謂國
中外謂軍所也賓客若諸侯之使及軍中宴饗吏
士也膠漆車甲舉細與大也○何氏曰老師費財
智者慮之○張預曰去國千里即當因糧若須供
餉則内外騷動疲困於路蠹耗無極也賓客者使
命與遊士也膠漆者修飾器械之物也車甲者膏

轄金華之類也約其所費日用千金然後能興十萬之師千金言重費也購賞猶在外

其用戰也勝久則鈍兵挫鋭攻城則力屈

曹操曰鈍弊也屈盡也○杜牧曰勝久謂淹久而後能勝也言與敵相持久而後勝則甲兵鈍弊鋭氣挫衂攻城則人力殫盡屈折也○賈林曰戰雖勝人久則無利兵貴全勝鈍兵挫鋭士傷馬疲則屈○梅堯臣曰雖勝且久則必兵仗鈍弊而軍氣挫鋭攻城而久則力必殫屈○王皙曰屈窮也求勝以久則鈍弊折挫攻城則益甚也○張預曰及

交兵合戰也久而後能勝則兵疲氣沮矣千里攻城力必困屈

久暴師則國用不足

孟氏曰久暴師露衆千里之外則軍國費用不足相供○梅堯臣曰師久暴於外則輸用不給○張預曰日費千金師久暴則國用豈能給若漢武帝窮征深討久而不解及其國用空虛乃下哀痛之詔是也

夫鈍兵挫鋭屈力殫貨則諸侯乘其弊而起雖有智者不能善其後矣

李筌曰十萬衆舉日費千金非唯頓挫於外亦財殫於內是以聖人無暴師也隋大業初煬帝重兵好征力屈鴈門之下兵挫遼水之上疏河引淮轉輸彌廣出師萬里國用不足於是楊玄感李密乘其弊而起縱蘇威高熲豈能爲之謀也○杜牧曰蓋以師久不勝財力俱困諸侯乘之而起雖有智能之士亦不能於此之後善爲謀畫也○賈林曰人離財竭雖伊呂復生亦不能救此亡敗也○杜佑曰雖當時有用兵之術不能防其後患○梅堯臣曰取勝攻城暴師且久則諸侯乘此弊而起襲

我我雖有智將不能制也○王晳曰以其弊甚必有危亡之憂○何氏曰其後謂兵不勝而敵乘其危殆雖智者不能盡其善計而保全○張預曰兵已疲矣力已困矣財已匱矣隣國因其罷弊起兵以襲之則縱有智能之人亦不能防其後患若吳伐楚入郢久而不歸越兵遂入吳當是時雖有伍員孫武之徒何嘗能爲善謀於後乎

故兵聞拙速未睹巧之久也

曹操李筌曰雖拙有以速勝未睹者言其無也○杜牧曰攻取之間雖拙於機智然以神速爲上蓋

無老師費財鈍兵之患則爲巧矣○孟氏曰雖拙有以速勝○陳皥曰所謂疾雷不及掩耳卒電不及瞬目○杜佑註同孟氏○梅堯臣曰拙尚以速勝未見工而久可也○王晳曰晳謂久則師老財費國虛人困巧者保無所患也○何氏曰速雖拙不費財力也久雖巧恐生後患也後秦姚萇與苻登相持萇將苟曜據逆萬堡密引苻登萇與登戰敗於馬頭原收衆復戰姚碩德謂諸將曰上慎於輕戰每欲以計取之今戰既失利而更逼賊必有由也萇聞而謂碩德曰登用兵遲緩不識虛實今

輕兵直進徑據吾東必苟曜與之連結也事久變
成其禍難測所以速戰者欲使苟曜豎子謀之未
就好之未深耳果大敗之武后初徐敬業舉兵於
江都稱匡復皇家以盩厔尉魏思恭爲謀主問計
於思恭對曰明公旣以太后幽縶少主志在匡復
兵貴拙速宜早渡淮北親率大衆直入東都山東
將士知公有勤王之舉必以死從此則指日刻期
天下必定敬業欲從其策薛璋又説曰金陵之地
王氣已見宜早應之兼有大江設險足可以自固
請且攻取常潤等州以爲王霸之業然後率兵北

上鼓行而前此則退有所歸進無不利實良策也敬業以爲然乃自率兵四千人南渡以擊潤州思恭密謂杜求仁曰兵勢宜合不可分今敬業不知幷力渡淮率山東之衆以合洛陽必無能成事果敗○張預曰但能取勝則寧拙速而無巧久若司馬宣王伐上庸以一月圖一年不計死傷與糧競者斯可謂欲拙速也

夫兵久而國利者未之有也

李筌曰春秋曰兵猶火也弗戢將自焚○賈林曰兵久無功諸侯生心○杜佑曰兵者凶器久則生

變若智伯圍趙逾年不歸卒爲襄子所擒身死國分故新序傳曰好戰窮武未有不亡者也○梅堯臣曰力屈貨殫何利之有○張預曰師老財竭於國何利

故不盡知用兵之害者則不能盡知用兵之利也

李筌曰利害相依之所生先知其害然後知其利也○杜牧曰害之者勞人費財利之者吞敵拓境苟不顧己之患則舟中之人盡爲敵國安能取利於敵人哉○賈林曰將驕卒惰貪利忘變此害最甚也○杜佑曰言謀國動軍行師不先慮危亡之

禍則不足取利也若秦伯見襲鄭之利不顧崤函之敗吳王矜伐齊之功而忘姑蘇之禍也○梅堯臣曰不再籍不三載利也百姓虛公家費害也苟不知害又安知利○王晳曰久而能勝未免於害速則利斯盡也○張預曰先知老師殫貨之害然後能知擒敵制勝之利

善用兵者役不再籍糧不三載

曹操曰籍猶賦也言初賦民而便取勝不復歸國發兵也始載糧後遂因食於敵還兵入國不復以糧迎之也○李筌曰籍書也不再籍書恐人勞怨

生也秦發關中之卒是以有陳吳之難也軍出度遠近饋之軍人載糧迎之謂之三載越境則館穀於敵無三載之義也○杜牧曰審敵可攻審我可戰然後起兵便能勝敵而還鄭司農周禮註曰役謂發兵起役籍乃伍籍也比參爲伍因内政寄軍令以伍籍發軍起役也○陳皥曰籍借也不再借民而役也糧者往則載焉歸則迎之是不三載也不困乎兵不竭乎國言速而利也○梅堯臣同陳皥註○王晳同曹操註○張預曰役謂興兵動衆之役故師卦註曰任大役重無功則凶籍謂調兵

之符籍故漢制有尺籍伍符言一舉則勝不可再籍兵役於國也糧始出則載之越境則掠之歸國則迓之是不三載也此言兵不可久暴也

取用於國因糧於敵故軍食可足也

曹操曰兵甲戰具取用國中糧食因敵也○李筌曰具我戎器因敵之食雖出師千里無匱乏也○杜佑曰兵甲戰具取用國中糧食因敵也取資用於我國因糧食於敵家也晉師館穀於楚是也○梅堯臣曰軍之須用取於國軍之糧餉因於敵○何氏曰因謂兵出境鈔聚掠野至於克敵拔城得

其儲積也○張預曰器用取於國者以物輕而易致也糧食因於敵者以粟重而難運也夫千里饋糧則士有飢色故因糧則食可足

國之貧於師者遠輸遠輸則百姓貧

李筌曰兵役數起而賦斂重○杜牧曰管子曰粟行三百里則國無一年之積粟行四百里則國無二年之積粟行五百里則衆有饑色此言粟重物輕也不可推移推移之則農夫耕牛俱失南畝故百姓不得不貧也○賈林曰遠輸則財耗於道路弊於轉運百姓日貧○孟氏曰兵車轉運千里之

外財則費於道路人有困窮者○張預曰以七十萬家之力供餉十萬之師於千里之外則百姓不得不貧

近於師者貴賣貴賣則百姓財竭

曹操曰軍行已出界近師者貪財皆貴賣則百姓虛竭也○李筌曰夫近軍必有貨易百姓徇財殫產而從之竭也○賈林曰師徒所聚物皆暴貴人貪非常之利竭財物以賣之初雖獲利殊多終當力疲貨竭又云旣有非常之歛故賣者求價無厭百姓竭力買之自然家國虛盡也○杜佑曰言近

軍師市多非常之賣當時貪貴以趨末利然後財貨殫盡家國虛也○梅堯臣曰遠者供役以轉饋近者貪利而貴賣皆貧國匱民之道也○王晳曰夫遠輸則人勞費近市則物騰貴是故久師則爲國患也曹公曰軍行已出界近於師者貪財皆貴賣晳謂將出界也○張預曰近師之民必貪利而貴賣其物於遠來輸餉之人則財不得不竭

財竭則急於丘役

張預曰財力殫竭則丘井之役急迫而不易供也或曰丘役謂如魯成公作丘甲也國用急迫乃使

丘出甸賦違常制也丘十六井甸六十四井
力屈財殫中原內虛於家百姓之費十去其七
曹操曰丘十六井也百姓財殫盡而兵不解則運
糧盡力於原野也十去其七者所破費也○李筌
曰兵久不止男女怨曠困於輸輓丘役力屈財殫
而百姓之費十去其七○杜牧曰司馬法曰六尺
爲步步百爲畝畝百爲夫夫三爲屋屋三爲井四
井爲邑四邑爲丘四丘爲甸丘蓋十六井也丘有
戎馬一匹牛四頭甸有戎馬四匹牛十六頭丘車
一乘甲士三人步卒七十二人今言兵不解則丘

役益急百姓糧盡財竭力盡於原野家業十耗其
七也○陳皡曰丘聚也聚斂賦役以應軍須如此
則財竭於人人無不困也○王晳曰急者暴於常
賦也若魯成公作丘甲是也如此則民費太半矣
要見公費差減故云十七曹公曰丘十六井兵不
解則運糧盡力於原野○何氏曰國以民爲本民
以食爲天居人上者宜乎重惜○張預曰運糧則
力屈輸餉則財殫原野之民家產內虛度其所費
十無其七也
公家之費破車罷馬甲胄矢弩戟楯蔽櫓丘牛大車

十去其六

一本作十去其七○曹操曰丘牛謂丘邑之○大車乃長轂車也○李筌曰丘大也此數器者皆軍之所須言遠近之費公家之物十損於七也○梅堯臣曰百姓以財糧力役奉軍之費其資十損乎七公家以牛馬器仗奉軍之費其資十損乎六是以竭賦窮兵百姓弊矣役急民貧國家虛矣○王晳曰楯干也蔽可以屏蔽櫓大楯也丘牛古所謂匹馬丘牛也大車牛車也易曰大車以載○張預曰兵以車馬爲本故先言車馬疲敝也蔽櫓楯也

今謂之彭排丘牛大牛也大車必革車也始言破車疲馬者謂攻戰之馳車也次言丘牛大車者即輜重之革車也公家車馬器械亦十損其六

故智將務食於敵食敵一鍾當吾二十鍾萁秆一石當吾二十石

曹操曰六斛四㪷為鍾萁豆稭也秆禾藁也石者一百二十斤也轉輸之法費二十石得一石一云萁音忌豆也七十斤為一石當吾二十言遠費也○杜牧曰六石四㪷為一鍾一石一百二十斤萁豆稭也秆禾藁也或言萁秆藁也秦攻匈奴使天

下運糧起於黃腄瑯琊負海之郡轉輸北河率三十鍾而致一石漢武建元中通西南夷作者數萬人千里負擔饋糧率十餘鍾致一石今校孫子之言食敵一鍾當吾二十鍾蓋約平地千里轉輸之法費二十石得一石不約道里蓋漏闕也黃腄音直瑞反又音誰在東萊北河卽今之朔方郡○李筌曰遠師轉一鍾之粟費二十鍾方可遠軍將之智也務食於敵以省已之費也○孟氏曰十斛爲鍾計千里轉運道路耗費二十鍾可致一鍾於軍中矣○梅堯臣註同曹操○王晳曰曹公曰萁豆

稭也秆藳也石者百二十斤也轉輸之法費二十
乃得一晢謂上文千里饋糧則轉輸之法謂千里
耳䓞今作萁秆故書爲芊當作秆〇張預曰六石
四斛爲鍾一百二十斤爲石䓞豆稭也秆禾藳也
千里饋糧則費二十鍾石而得一鍾石到軍所若
越險阻則猶不啻故秦征匈奴率三十鍾而致一
石此言能將必因糧於敵也

故殺敵者怒也

曹操曰威怒以致敵〇李筌曰怒者軍威也〇杜
牧曰萬人非能同心皆怒在我激之以勢使然也

田單守卽墨使燕人劓降者掘城中人墳墓之類
是也○賈林曰人之無怒則不肯殺○王晳曰兵
主威怒○何氏曰燕圍齊之卽墨齊之降者盡劓
齊人皆怒愈堅守田單又縱反間曰吾懼燕人掘
吾城外冢墓戮辱先人可爲寒心燕軍盡掘壠墓
燒死人卽墨人從城上望見皆泣涕其欲出戰怒
自十倍單知士卒可用遂破燕師後漢班超使西
域到鄯善會其吏士三十六人與共飲酒酣因激
怒之曰今俱在絕域欲立大功以求富貴虜使到裁
數日而王禮貌卽廢如收吾屬送匈奴骸骨長爲

豺狼食矣官屬皆曰今在危亡之地死生從司馬
超曰不入虎穴不得虎子當今之計獨有因夜以
火攻虜使彼不知我多少必大震怖可殄盡也滅
此虜則功成事立矣衆曰善初夜將吏士奔虜營
會天大風超令十人持鼓藏虜舍後約曰見火然
皆當鳴鼓大呼餘人悉持弓弩夾門而伏超順風
縱火虜衆驚亂衆悉燒死蜀龐統勸劉備襲益州
牧劉璋備曰此大事不可倉卒及璋使備擊張魯
乃從璋求萬兵及資寶欲以東行璋但許兵四千
其餘皆給半備因激怒其衆曰吾爲益州征強敵

師徒勤瘁不遑寧居今積帑藏之財而悋於賞功望士大夫為出死力戰其可得乎由是相與破璋○張預曰激吾士卒使上下同怒則敵可殺尉繚子曰民之所以戰者氣也謂氣怒則人人自戰

取敵之利者貨也

曹操曰軍無財士不來軍無賞士不往○李筌曰利者益軍實也○杜牧曰使士見取敵之利者貨財也謂得敵之貨財必以賞之使人皆有欲各自為戰後漢荆州刺史度尚討桂州賊帥卜陽潘鴻等入南海破其三屯多獲珍寶而鴻等黨聚猶衆

士卒驕富莫有鬭志尚曰卜陽潘鴻作賊十年皆習於攻守當須諸郡併力可攻之令軍恣聽射獵兵士喜悅大小相與從禽尚乃密使人潛焚其營珍積皆盡獵者來還莫不泣涕尚曰卜陽等財貨足富數世諸卿但不併力耳所亡少少何足介意衆聞咸憤踴願戰尚令秣馬蓐食明晨徑赴賊屯陽鴻不設備吏士乘銳遂破之此乃是也○孟氏同杜牧註○杜佑曰人知勝敵有厚賞之利則冒白刃當矢石而樂以進戰者皆貨財酬勳賞勞之誘也○梅堯臣曰殺敵則激吾人以怒取敵則利

吾人以貨○王晳曰謂設厚賞耳若使衆貪利自取則或違節制耳○張預曰以貨啗士使人自爲戰則敵利可取故曰重賞之下必有勇夫○皇朝太祖命將伐蜀諭之曰所得州邑當與我傾竭帑庫以饗士卒國家所欲惟土疆耳於是將吏死戰所至皆下遂平蜀

故車戰得車十乘已上賞其先得者

曹操曰以車戰能得敵車十乘已上賞賜之不言車戰得車十乘已上者賞之而言賞得者何言欲開示賞其所得車之卒也陳車之法五車爲隊僕

射一人十車爲官卒長一人車滿十乘將吏二人
因而用之故别言賜之欲使將恩下及也或曰言
使自有車十乘已上與敵戰但取其有功者賞之
其十乘已下雖一乘獨得餘九乘皆賞之所以率
進勵士也○李筌曰重賞而勸進也○杜牧曰夫
得車十乘已上者蓋衆人用命之所致也若徧賞
之則力不足與其所獲之車公家仍自以財貨賞
其唱謀先登者此所以勸勵士卒故上文云取敵
之利者貨也言十乘者舉其綱目也○賈林曰勸
未得者使自勉也○梅堯臣徧賞則難周故獎一

而勸百也○王晳曰以財賞其所先得之卒○張預曰車一乘凡七十五人以車與敵戰吾士卒能獲敵車十乘已上者吾士卒必不下千餘人也以其人衆故不能徧賞但以厚利賞其陷陳先獲者以勸餘衆古人用兵必使車奪車騎奪騎步奪步故吳起與秦人戰令三軍曰若車不得車騎不得騎徒不得徒雖破軍皆無功

而更其旌旗

曹操曰與吾同也○李筌曰惡色與吾同○賈林曰令不識也○張預曰變敵之色令與已同

車雜而乘之

曹操曰不獨任也○李筌曰夫降虜之旌旗必更其色而雜其事車乃可用也○杜牧曰士卒自獲敵車任雜然自乘之官不録也○梅堯臣曰車許雜乘旗無因故○王晳曰謂得敵車可與我車雜用之也○張預曰已車與敵車參雜而用之不可獨任也

卒善而養之

張預曰所獲之卒必以恩信撫養之俾爲我用

是謂勝敵而益强

曹操曰益已之强○李筌曰後漢光武破銅馬賊於南陽虜衆數萬各配部曲然人心未安光武令各歸本營乃輕行其間以勞之相謂曰蕭王推赤心置人腹中安得不投死乎於是漢益振則其義也○杜牧曰得敵卒也因敵之資益已之强○梅堯臣曰獲卒則任其所長養之以恩必爲我用也○王晳曰得敵卒則養之與吾卒同善者謂勿侵辱之也若厚撫初附或失人心○何氏曰因敵以勝敵何往不强○張預曰勝其敵而獲其車與卒既爲我用則是增已之强光武推赤心人人投死

之類也

故兵貴勝不貴久

曹操曰久則不利兵猶火也不戢将自焚也○孟氏曰貴速勝疾還也○梅堯臣曰上所言皆貴速也速則省財用息民力也○何氏曰孫子首尾言兵久之理蓋知兵不可玩武不可黷之深也○張預曰久則師老財竭易以生變故但貴其速勝疾歸

故知兵之将生民之司命國家安危之主也

曹操曰将賢則國安也○李筌曰将有殺伐之權

威欲却敵人命所繫國家安危在於此矣○杜牧曰民之性命國之安危皆由於將也○梅堯臣曰此言任將之重○王晳曰將賢則民保其生而國家安矣否則民被毒殺而國家危矣明君任屬可不精乎○何氏曰民之性命國之治亂皆主於將將之材難古今所患也○張預曰民之死生國之安危繫乎將之賢否

孫子集註卷之二

孫子集註卷之三

謀攻篇曹操曰欲攻敵必先謀○李筌曰合陳爲戰圍城曰攻以此篇次戰之下○杜牧曰廟堂之上計算已定戰爭之具糧食之費悉已用備可以謀攻故曰謀攻也○王晳曰謀攻敵之利害當全策以取之不鋭於伐兵攻城也○張預曰計議已定戰具已集然後可以智謀攻故次作戰

孫子曰凡用兵之法全國爲上破國次之

曹操曰興師深入長驅距其城郭絶其内外敵舉國來服爲上以兵擊破敗而得之其次也○李筌曰不貴殺也韓信虜魏王豹擒夏說斬成安君此爲破國者及用廣武君計北首燕路遣一介之使

奉咫尺之書燕從風而靡則全國也○賈林曰全得其國我國亦全乃爲上○杜佑曰敵國來服爲上以擊破爲次○王晳曰若韓信舉燕是也○何氏曰以方略氣勢令敵人以國降上策也○張預曰尉繚子曰講武料敵使敵氣失而師散雖形全而不爲之用此道勝也破軍殺將乘堙發機會衆奪地此力勝也然則所謂道勝力勝者卽全國破國之謂也夫吊民伐罪全勝爲上爲不得已而至於破則其次也

全軍爲上破軍次之

曹操杜牧曰司馬法曰一萬五千五百人爲軍〇何氏曰降其城邑不破我軍也

全旅爲上破旅次之

曹操曰五百人爲旅

全卒爲上破卒次之

曹操曰一校巳上至一百人也〇李筌曰百人巳上爲卒〇杜佑曰一校下至百人也

全伍爲上破伍次之

曹操曰百人巳下至五人〇李筌曰百人巳下爲伍〇杜牧曰五人爲伍〇梅堯臣曰謀之大者全

得之○王晳曰國軍卒伍不問小大全之則威德爲優破之則威德爲劣○何氏曰自軍至伍皆次序上下言之此意以策略取之爲妙不惟一軍至於一伍不可不全○張預曰周制萬二千五百人爲軍五百人爲旅百人爲卒五人爲伍自軍至伍皆以不戰而勝之爲上

是故百戰百勝非善之善者也

曹操曰未戰而戰自屈勝善也○李筌曰以計勝敵也○陳皞曰戰必殺人故也○賈林曰兵威遠振全來降伏斯爲上也詭詐爲謀摧破敵衆殘人

傷物然後得之又其次之○杜佑曰未戰而敵自
屈服○梅堯臣曰惡乎殺傷殘害也○張預曰戰
而不能勝必多殺傷故云非善

不戰而屈人之兵善之善者也

曹操曰未戰而敵自屈服○杜牧曰以計勝敵○
陳皥曰韓信用李左車之計馳咫尺之書不戰而
下燕城也○孟氏曰重廟勝也○王晳曰兵貴伐
謀不務戰也○何氏曰後漢王霸討周建蘇茂既
戰歸營賊復聚挑戰霸堅卧不出方饗士作倡樂
茂雨射營中中霸前酒樽霸安坐不動軍吏曰茂

已破今易擊霸曰不然茂客兵遠來糧食不足故挑戰以徼一時之勝今閉營休士所謂不戰而屈人兵善之善也茂乃引退○張預曰明賞罰信號令完器械練士卒暴其所長使敵從風而靡則爲大善若吳王黃池之會晉人畏其有法而服之者是也

故上兵伐謀

曹操曰敵始有謀伐之易也○李筌曰伐其始謀也後漢寇恂圍高峻峻遣謀臣皇甫文謁恂詞禮不屈恂斬之報峻曰軍師無禮已斬之欲降急降

不欲固守峻命曰開壁而降諸將曰敢問殺其使
而降其城何也恂曰皇甫文峻之心腹其取謀者
留之則文得其計殺之則峻亡其膽所謂上兵伐
謀諸將曰非所知也○杜牧曰晉平公欲攻齊使
范昭往觀之景公觴之酒酣范昭請君之樽酌公
曰寡人之樽進客范昭已飲晏子徹樽更爲酌范
昭佯醉不悅而起舞謂太師曰能爲我奏成周之
樂乎吾爲舞之太師曰瞑臣不習范昭起出景公
曰晉大國也來觀吾政今子怒大國之使者將奈
何晏子曰觀范昭非陋於禮者且欲慙於國臣故

不從也太師曰夫成周之樂天子之樂也惟人主舞之今范昭人臣而欲舞天子樂臣故不爲也范昭歸報晉平公曰齊未可伐臣欲辱其君晏子知之臣欲犯其禮太師識之仲尼曰不越樽俎之間而折衝千里之外晏子之謂也春秋時秦伐晉晉將趙盾禦之上軍佐臾駢曰秦不能久請深壘固軍以待之秦人欲戰秦伯謂士會曰若何而戰對曰趙氏新出其屬曰臾駢必實爲此謀將以老我師也趙有側室曰穿晉君之壻也有寵而弱不在軍事好勇而狂且惡臾駢之佐上軍若使輕者肆

焉其可秦軍掩晉上軍趙穿追之不及返怒曰裹糧坐甲固敵是求敵至不擊將何俟焉軍吏曰將有待也穿曰我不知謀將獨出乃以其屬出趙盾曰秦獲穿也獲一卿矣秦以勝歸我何以報乃皆出戰交綏而退夫晏子之對是敵人將謀伐我我先伐其謀故敵人不得而伐我士會之對是我將謀伐敵敵人有謀拒我乃伐其謀敵人不得與我戰斯二者皆伐謀也故敵欲謀我伐其未形之謀我若伐敵敗其已成之計固非止於一也○孟氏曰九攻九拒是其謀也○杜佑曰敵方設謀欲舉

衆師伐而抑之是其上故太公云善除患者理於未生善勝敵者勝於無形也○梅堯臣曰以智勝○王晳曰以智謀屈人最爲上○何氏曰敵始謀攻我我先攻之易也揣知敵人謀之趣向因而加兵攻其彼心之發也○張預曰敵始發謀我從而攻之彼必喪計而屈服若晏子之沮范昭是也或曰伐謀者用謀以伐人也言以奇策祕筭取勝於不戰兵之上也

其次伐交

曹操曰交將合也○李筌曰伐其始交也蘇秦約

六國不事秦而秦閉關十五年不敢窺山東也○
杜牧曰非止將合而已合之者皆可伐也張儀願
獻秦地六百里於楚懷王請絶齊交隨何於黥布
坐上殺楚使者以絶項羽曹公與韓遂交馬語以
疑馬超高洋以蕭深明請和於梁以疑侯景終陷
臺城此皆伐交權道變化非一途也陳皥曰或云
敵已興師交合伐而勝之是其次也若晋文公敵
宋携離曹衛也○孟氏曰交合强國敵不敢謀○
梅堯臣曰以威勝○王晳曰謂未能全屈敵謀當
且間其交使之解散彼交則事鉅敵堅彼不交則

事小敵脆也○何氏曰杜稱已上四事乃親而離之之義也伐交者兵欲交合設疑兵以懼之使進退不得因來屈服旁鄰既爲我援敵不得不孤弱也○張預曰兵將交戰將合則伐之傳曰先人有奪人之心謂兩軍將合則先薄之孫叔敖之敗晉師厨人濮之破華氏是也或曰伐交者用交以伐人也言欲舉兵伐敵先結隣國爲掎角之勢則我彊而敵弱

其次伐兵

曹操曰兵形已成也○李筌曰臨敵對陳兵之下

也○賈林曰善於攻取舉無遺策又其次也故太公曰爭勝於白刃之前者非良將也○梅堯臣曰以戰勝○王晳曰戰者危事○張預曰不能敗其始謀破其將合則犀利兵器以勝之兵者器械之總名也太公曰必勝之道器械爲寶

其下攻城

曹操曰敵國已收其外糧城守攻之爲下攻也○李筌曰夫王師出境敵則開壁送欵舉櫬轅門百姓怡悅攻之上也若頓兵堅城之下師老卒惰攻守勢殊客主力倍以此攻之爲下也○杜佑曰言

攻城屠邑攻之下者所害者多○梅堯臣曰費財役爲最下○王晳曰士卒殺傷城或未克○張預曰夫攻城屠邑不惟老師費財兼亦所害者多是爲攻之下也

攻城之法爲不得已

張預曰攻城則力屈所以必攻者蓋不獲已耳

修櫓轒轀具器械三月而後成距闉又三月而後已

曹操曰修治也櫓大楯也轒轀者轒牀也轒牀其下四輪從中推之至城下也具備也器械者機關攻守之總名飛樓雲梯之屬距闉者踊土稍高而

前以附其城也○李筌曰轒楯也以蒙首而趨城下轒轀者四輪車也其下藏兵數十人填隍推之直就其城木石所不能壞也器械飛樓雲梯板屋木幔之類也距闉者土木山乘城也東魏高歡之圍晉州侯景之攻臺城則其器也役約三月恐兵久而人疲也○杜牧曰櫓卽今之所謂彭排轒轀四輪車排大木爲之上蒙以生牛皮下可容十人往來運土填壍木石所不能傷今俗所謂木驢是也距闉者積土爲之卽今之所謂壘道也三月者一時也言修治器械更其距闉皆須經時精好成

就恐傷人之甚也管子曰不能致器者困言無以
應敵也太公曰必勝之道器械爲寶漢書志曰兵
之伎巧一十有三家習手足便器械機關以立攻
守之勝者夫攻城者有撞車剗鉤車飛梯蝦蟇木
解合車狐鹿車影車高障車馬頭車獨行車運土
豚魚車○陳皥曰杜稱櫓爲彭排非也若是彭排
卽當用此櫓字曹云大楯庶或近之蓋言候器械
全具須三月距闉又三月已計六月將若不待此
而生忿速必多殺士卒故下云將不勝其忿而蟻
附之災也○杜佑曰轒轀上汾下溫距闉者踊土

積高而前以附於城也積土爲山曰堙以距敵城觀其虛實春秋傳曰楚司馬子反乘堙而闚宋城也○梅堯臣曰威智不足以屈人不獲已而攻城也治攻具須經時也曹公曰櫓大楯也轒轀者轒牀也其下四輪從中推至城下也器械機關攻守之總名蜚梯之屬也謂櫓爲大楯非也兵之具甚衆何獨言修大楯耶今城上守禦樓曰櫓櫓是轒牀上革屋以蔽矢石者歟○張預曰脩櫓大楯也傳曰晉侯登巢車以望楚軍註云巢車車上爲櫓又晉師圍偪陽魯人建大車之輪蒙之以甲以爲

櫓左執之右扳戟以成一隊註云櫓大楯也以此
觀之修櫓爲大楯明矣轒轀四輪車其下可覆數
十人運土以實隍者器械攻城總名也三月者約
經時成也或曰孫子戒心忿而亟攻之故權言以
三月成器械三月起距堙其實不必三月也城尚
不能下則又積土與城齊使士卒上之或觀其虛
實或毀其樓櫓欲必取也土山曰堙楚子反乘堙
而闚宋城是也器械言成者取其久而成就也距
堙言已者以其經時而畢上也皆不得已之謂
將不勝其忿而蟻附之殺士三分之一而城不拔者

此攻之災也

曹操曰将忿不待攻城器而使士卒緣城而上如蟻之緣墻殺傷士卒也○李筌曰将怒而不待攻城而使士卒肉薄登城如蟻之所附墻爲木石所殺之者三有一焉而城不拔者此攻城災也○杜牧曰此言爲敵所辱不勝忿怒也後魏太武帝率十萬衆寇宋臧質于盱眙太武帝始就質求酒質封溲便與之太武大怒遂攻城乃命肉薄登城分番相代墜而復昇莫有退者屍與城平復殺其高梁王如此三旬死者過半太武聞彭城斷其歸路

見疾病甚衆乃解退傳曰一女乘城可敵十夫以此校之尚恐不啻○賈林曰但使人心外附士卒内離城乃自拔○杜佑曰守過二時敵人不服將不勝心之忿多使士卒蟻附其城殺傷我士民三分之一也言攻趣不拔還爲己害故韓非曰夫一戰不勝則過暨矣○何氏曰將心忿急使士卒如蟻緣而登死者過半城且不下斯害也已○張預曰攻逾二時敵猶不服將心忿躁不能持久使戰士蟻緣而登城則其士卒爲敵人所殺三中之一而堅城終不可拔茲攻城之害也已或曰將心忿

速不俟六月之久而亟攻之則其害如此

故善用兵者屈人之兵而非戰也

李筌曰以計屈敵非戰之屈者晉將郭淮圍麴城蜀將姜維來救淮趨牛頭山斷維糧道及歸路維大震不戰而遁麴城遂降則不戰而屈之義也○杜牧曰周亞夫敵七國引兵東北壁昌邑以梁委吳使輕兵絕吳餉道吳梁相弊而食竭吳遁去因追擊大破之蜀將姜維使將勾安李韶守麴城魏將陳泰圍之姜維來救出自牛頭山與泰相對泰曰兵法貴在不戰而屈人今絕牛頭維無返道則

我之擒也諸軍各守勿戰絶其還路維懼遁走安等遂降○梅堯臣曰戰則傷人○王晳曰若李左車説成安君請以奇兵三萬人扼韓信於井陘之策是也○何氏曰言伐謀伐交不至於戰故司馬法曰上謀不鬬其旨見矣○張預曰前所陳者庸將之爲耳善用兵者則不然或破其計或敗其交或絶其糧或斷其路則不可戰而服之若田穰苴明法令拊士卒燕晉聞之不戰而遁亦是也

拔人之城而非攻也

李筌曰以計取之後漢鄭侯臧宮圍妖賊於原武

連月不拔士卒疾癘東海王謂宮曰今擁兵圍必死之虜非計也宜撤圍開其生路而示之彼必逃散一亭長足擒也從之而拔原武魏攻壺關亦其義也○杜牧曰司馬文王圍諸葛誕於壽春議者多欲急攻之文王以誕城固衆多攻之力屈若有外救表裏受敵此至危之道也吾當以全策縻之可坐制也誕二年五月反三年二月破滅六軍按甲深溝高壘而誕自困十六國前燕將慕容恪率兵討叚龕於廣固恪圍之諸將勸恪急攻之恪曰軍勢有緩而克敵有急而取之若彼我勢既均外

有强援力足制之當羈縻守之以待其斃乃築室反耕嚴固圍壘終克廣固曾不血刃也○孟氏曰言以威刑服敵不攻而取若鄭伯肉袒以迎楚莊王之類○梅堯臣曰攻則傷財○王晳曰若唐太宗降薛仁杲是也○張預曰或攻其所必救使敵棄城而來援則設伏取之若耿弇攻臨淄而克西安脇巨里而斬費邑是也或外絕其强援以久持之坐俟其斃若楚師築室反耕以服宋是也茲皆不攻而拔城之義也

毀人之國而非久也

曹操曰毁滅人國不久露師也○李筌曰以術毁人國不久而斃隋文問僕射高熲伐陳之策熲曰江外田收與中國不同伺彼農時我正暇豫徵兵掩襲彼釋農守禦候其聚兵我便解退再三若此彼農事疲矣又南方地卑舍悉茅竹倉庫儲積悉依其間密使行人因風縱火候其營立更爲之行其謀陳始病也○杜牧曰因敵有可乘之勢不失其機如摧枯朽沛公入關晉降孫皓隋取陳氏皆不久之○賈林曰兵不可久久則生變但毁滅其國不傷殘於人若武王伐殷殷人稱爲父母○杜

佑曰若誅理暴逆毀滅敵國不暴師衆也○梅堯
臣曰久則生變○王晳同梅堯臣註○何氏曰善
攻者不以兵攻以計困之令其自拔令其自毀非
勞久守而取之也○張預曰以順討逆以智伐愚
師不久暴而敵國滅何假六月之稽乎
必以全爭於天下故兵不頓而利可全此謀攻之法
也
曹操曰不與敵戰而必完全得之立勝於天下不
頓兵血刃也○李筌曰以全勝之計爭天下是以
不頓收利也○梅堯臣曰全爭者兵不戰城不攻

毀不久皆以謀而屈敵是曰謀攻故不鈍兵利自完○張預曰不戰則士不傷不攻則力不屈不久則財不費以完全立勝於天下故無頓兵血刃之害而有國富兵強之利斯良將計攻之術也

故用兵之法十則圍之

曹操曰以十敵一則圍之是將智勇等而兵利鈍均也若主弱客強操所以倍兵圍下邳生擒呂布也○杜牧曰圍者謂四面壘合使敵不得逃逸凡圍四合必須去敵城稍遠占地既廣守備須嚴若非兵多則有闕漏故用兵有十倍也呂布敗是上

下相疑侯成執陳宮委布降所以能擒非曹公兵力而能取之若上下相疑政令不一設使不圍自當潰叛何況圍之固須破滅孫子所言十則圍之是將勇智等而兵利鈍均不言敵人自有離叛曹公稱倍兵降布蓋非圍之力窮也此不可以訓也○李筌曰愚智勇怯等十倍於敵則圍之攻守殊勢也○杜佑曰以十敵一則圍之是爲將智勇等而兵利鈍均也若主弱客勁不用十也曹公操所以倍兵圍下邳生擒呂布若敵壘固守依附險阻彼一我十乃可圍也敵雖盛所據不便未必十倍

然後圍之○梅堯臣曰彼一我十可以圍○何氏曰圍者四面合兵以圍城而校量彼我兵勢將才愚智勇怯等而我十倍勝於敵人是以十對一可以圍之無令越逸也○張預曰吾之衆十倍於敵則四面圍合以取之是爲將智勇等而兵利鈍均也若主弱客強不必十倍然後圍之尉繚子曰守法一而當十十而當百百而當千千而當萬言守者十人而當圍者百人與此法同

五則攻之

曹操曰以五敵一則三術爲正二術爲奇李筌曰

五則攻之攻守勢殊也○杜牧曰術猶道也言以五敵一則當取己三分爲三道以攻敵之一面留己之二候其無備之處出奇而乘之西魏末梁州刺史宇文仲和據州不受代魏將獨孤信率兵討之仲和嬰城固守信夜令諸將以衝梯攻其東北信親帥將士襲其西南遂克之也○陳皥曰兵說五倍於敵自是我有餘力彼之勢分也豈止分爲三道以攻敵此獨說攻城故下文云小敵之堅大敵之擒也○杜佑曰若敵并兵自守不與我戰彼一我五乃可攻戰也或無敵人內外之應未必五

倍然後攻○梅堯臣同杜佑註○王晳曰謂十圍而取五則攻者皆勢力有餘不待其虛懈也此以下亦謂智勇利鈍均耳何氏曰愚智勇恃等量我五倍多於敵人可以三分攻城二分出奇以取勝張預曰吾之衆五倍於敵則當驚前掩後聲東擊西無五倍之衆則不能爲此計曹公謂三術爲正二術爲奇不其然乎若敵無外援我有内應則不須五倍然後攻之

倍則分之

曹操曰以二敵一則一術爲正一術爲奇李筌曰

夫兵者倍於敵則分半爲奇我衆彼寡動而難制
符堅至淝水不分而敗王僧辯至張公洲分而勝
也○杜牧曰此言非也此言以二敵一則當取已
之一或趣敵之要害或攻敵之必救使敵一分之
中復須分減相救因以一分而擊之夫戰法非論
衆寡每陳皆有奇正非待人衆然後能設奇項羽
於烏江二十八騎尚不聚之猶設奇正循環相救
況於其他哉○陳皥曰直言我倍於敵分兵趨其
所必救卽我倍中更倍以擊敵之中分也杜雖得
之未盡其說也○杜佑曰已二敵一則一術爲正

一術爲奇彼一我二不足爲變故疑兵分離其軍也故太公曰不能分移不可以語奇○梅堯臣曰彼一我二可分其勢○王晳曰謂分者分爲二軍使其腹背受敵則我得一倍之利也○何氏曰兵倍於敵則分半爲奇我衆彼寡足可分兵主客力均善戰者勝也○張預曰吾之衆一倍於敵則當分爲二部一以當其前一以衝其後彼應前則後擊之應後則前擊之玆所謂一術爲正一術爲奇也杜氏不曉兵分則爲奇聚則爲正而遽非曹公何誤也

敵則能戰之

曹操曰已與敵人衆等善者猶當設伏奇以勝之○李筌曰主客力敵惟善者戰○杜牧曰此說非也凡已與敵人兵衆多少智勇利鈍一旦相敵則可以戰夫伏兵之設或在敵前或在敵後或因深林叢薄或因暮夜昏晦或因隘阨山阪擊敵不備自名伏兵非奇兵也○陳皥曰料已與敵人衆寡相等先爲奇兵可勝之計則戰之故下文云不若則能避之杜說奇伏得之也梅堯臣曰勢力均則戰○王晳曰謂能者能感士卒心得其死戰耳若

設奇伏以取勝是謂智優不在兵敵也○何氏曰敵言等敵也唯能者可以戰勝耳○張預曰彼我相敵則以正爲奇以奇爲正變化紛紜使敵莫測以與之戰茲所謂設奇伏以勝之也杜氏不曉凡置陳皆有揚奇備伏而云伏兵當在山林非也

少則能逃之

曹操曰高壁堅壘勿與戰也○李筌曰量力不如則堅壁不出挫其鋒待其氣懈而出奇擊之齊將田單守卽墨燒牛尾卽殺騎劫則其義也○杜牧曰兵不敵且避其鋒尚俟隙便奮決求勝言能者

謂能忍忿受耻敵人求挑不出也不似曹咎汜水
之戰也○陳皥曰此說非也但敵人兵倍於我則
宜避之以驕其志用爲後圖非謂忍忿受耻太宗
辱宋老生以虜其衆豈是兵力不等也○賈林曰
彼衆我寡逃匿兵形不令敵知當設奇伏以待之
設詐以疑之亦取勝之道又一云逃匿兵形敵不
知所備懼其變詐全軍亦逃○杜佑曰高壁壘勿
與戰也彼之衆我之寡不可敵則當自逃守匿其
形○梅堯臣曰彼衆我寡去而勿戰○王晳曰逃
伏也謂能倚固逃伏以自守也傳曰師逃于夫人

之官或兵少而有以勝者蓋將優卒強耳○何氏曰兵少固壁觀變潛形見可則進○張預曰彼衆我寡宜逃去之勿與戰是亦爲將智勇等而兵利鈍均也若我治彼亂我奮彼怠則敵雖衆亦可以合戰若吳起以五百乘破秦五十萬衆謝玄以八千卒敗苻堅一百萬豈須逃之乎

不若則能避之

曹操曰引兵避之也○杜牧曰言不若者勢力交援俱不如也則須速去之不可遷延也如敵人守我要害發我津梁合圍於我則欲去不復得也○

杜佑曰引兵備之強弱不敵勢不相若則引軍避待利而動○梅堯臣曰勢力不如則引而避○王晳曰將與兵俱不若遇敵攻必敗也○張預曰兵力謀勇皆劣於敵則當引而避之以伺其隙

故小敵之堅大敵之擒也

曹操曰小不能當大也○李筌曰小敵不量力而堅戰者必為大敵所擒也漢都尉李陵以步卒五千之衆對十萬之軍而見殁匈奴也○杜牧曰言堅者將性堅忍不能逃不能避故為大者之所擒也○孟氏曰小不能當大也言小國不量其力敢

與大邦爲讎雖權時堅城固守然後必見擒獲春
秋傳曰既不能强又不能弱所以敗也○梅堯臣
曰不逃不避雖堅亦擒○王晳註同梅堯臣○何
氏曰如右將軍蘇建前將軍趙信將兵三千餘人
與大將軍衞青分行獨逢單于兵數萬力戰一日
漢兵且盡前將軍信胡人降爲翕侯匈奴誘之遂
將其餘騎可八百餘奔降單于右將軍蘇建遂盡
亡其軍獨以身得亡自歸大將軍問其正閎長史
安議郎周霸等建爲云何霸曰自大將軍出未嘗
斬一裨將今建棄軍可斬以明威重閎安曰不然

兵法小敵之堅大敵之擒也今建獨以數千當單于數萬力戰一日餘士盡不敢有二心自歸而斬之是示後人無歸意也○張預曰小敵不度强弱而堅戰必爲大敵之所擒息侯屈於鄭伯李陵降於匈奴是也孟子曰小固不可以敵大弱固不可以敵强寡固不可以敵衆

夫将者國之輔也輔周則國必强

曹操曰将周密謀不泄也○李筌曰輔猶助也将才足則兵必强○杜牧曰才周也賈林曰國之强弱必在於将将輔於君而才周其國則强不輔於

君內懷其貳則弱擇人授任不可不慎○何氏曰周謂才智具也得才智周備之將國乃安强也

輔隙則國必弱

曹操曰形見於外也○李筌曰隙缺也將才不備兵必弱○杜牧曰才不周也○梅堯臣曰得賢則周備失士則隙缺○王晳曰周謂將賢則忠才兼備隙謂有所缺也何氏曰言其才不可不周用事不可不周知也故將在軍必先知五事六行五權之用與夫九變四機之說然後可以內御士衆外料戰形苟昧於兹雖一日不可居三軍之上矣○

張預曰將謀周密則敵不能窺故其國強微缺則乘釁而入故其國弱太公曰得士者昌失士者亡

故君之所以患於軍者三

梅堯臣曰患君之所不知○孟氏曰巳下語是○張預曰下三事也

不知軍之不可以進而謂之進不知軍之不可以退而謂之退是謂縻軍

曹操曰縻御也○李筌曰縻絆也不知進退者軍必敗如絆驥足無馳騁也楚將龍且逐韓信而敗是不知其進秦將符融揮軍少却而敗是不知其

退○杜牧曰猶駕御縻絆使不自由也君國君也
患於軍者爲軍之患害也夫授鉞凶門推轂閫外
之事將軍裁之如趙充國欲爲屯田漢宣必令決
戰孫皓臨滅賈充尚請班師此不知進退之謂也
○賈林曰軍之進退將可臨時制變君命內御患
莫大焉故太公曰國不可以從外治軍不可以從
中御○杜佑曰縻御也縻爲反君不知軍之形勢
而欲從中御也○梅堯臣曰君不知進退之宜而
專進退是縻繫其軍六韜所謂軍不可以從中御
○王晳曰縻繫也去此患則當託以不御之權故

必忠才兼備之臣爲之將也○張預曰軍未可以進而必使之進軍未可以退而必使之退是謂縻絆其軍也故曰進退由內御則功難成

不知三軍之事而同三軍之政者則軍士惑矣

曹操曰軍容不入國國容不入軍禮不可以治兵也○李筌曰任將不以其人也燕將慕容評出軍所在因山泉賣樵水貪鄙積貨爲三軍帥不知其政也○杜牧曰蓋謂禮度法令自有軍法從事若使同於尋常治國之道則軍士生惑矣至如周亞夫見天子不拜漢文知其勇不可犯魏尚守雲中

上首級爲有司所劾馮唐所以發憤也○杜佑曰夫治國尚禮義兵貴於權詐形勢各異敎化不同而君不知其變軍國一政以用治民則軍士疑惑不知所措故兵經曰在國以信在軍以詐也○陳皡曰言不知三軍之事違衆沮議左傳稱晉彘季不從軍師之謀而以偏師先進終爲楚之所敗也○梅堯臣曰不知治軍之務而參其政則衆惑亂也曹公引司馬法曰軍容不入國國容不入軍是也○何氏曰軍國異容所治各殊欲以治國之法以治軍旅則軍旅惑亂○張預曰仁義可以治國

而不可以治軍權變可以治軍而不可以治國理然也虢公不修慈愛而為晉所滅晉侯不守四德而為秦所克是不以仁義治國也齊侯不射君子而敗於晉宋公不擒二毛而衂於楚是不以權變治軍也故當仁義而用權譎則國必危晉虢是也當變詐而尚禮義則兵必敗齊宋是也然則治國之道固不可以治軍也

不知三軍之權而同三軍之任則軍士疑矣

曹操曰不得其人意也○杜牧曰謂將無權智不能銓度軍士各任所長而雷同使之不盡其材則

三軍生疑矣黄石公曰善任人者使智使勇使貪使愚智者樂立其功勇者好行其志貪者邀趨其利愚者不顧其死○陳皥曰將在軍權不專制任不自由三軍之士自然疑也○杜佑曰不得其人也君之任將當精擇焉將若不知權變不可付以勢位苟授非其人則舉措失所軍覆敗也若趙不用廣武君而用成安君○梅堯臣曰不知權謀之道而參其任用其衆疑貳也王晳曰政也權也使不知者同之則動有違異必相牽制也是則軍衆疑惑矣裴度所以奏去監軍平蔡州也此皆由君

上不能專任賢將則使同之故通謂之三患○何氏曰不知用兵權謀之人用之爲將則軍不治而士疑○張預曰軍吏中有不知兵家權謀之人而使同居將帥之任則政令不一而軍疑矣若邲之戰中軍帥荀林父欲還裨將先縠不從爲楚所敗是也近世以中官監軍其患正如此高崇文伐蜀因罷之遂能成功

三軍既惑且疑則諸侯之難至矣是謂亂軍引勝

曹操曰引奪也○李筌曰引奪也兵權道也不可謬而使處趙上卿藺相如言趙括徒能讀其父書

然未知合變王令以名使括如膠柱鼓瑟此則不知三軍之權而同三軍之任趙王不從果有長平之敗諸侯之難至也○杜牧曰言我軍疑惑自致擾亂知引敵人使勝我也○孟氏曰三軍之衆疑其所任惑其所爲則鄰國諸侯因其乖錯作難而至也太公曰疑志不可以應敵○梅堯臣曰君徒知制其將不能用其人而乃同其政任俾衆疑惑故諸侯之難作是自亂其軍自去其勝○王晳曰引諸侯勝已也○何氏曰士疑惑而無畏則亂故敵國得以乘我隙釁而至矣○張預曰軍士疑惑

未肯用命則諸侯之兵乘隙而至是自潰其軍自奪其勝也

故知勝有五

李筌曰謂下五事也○張預曰下五事也

知可以戰與不可以戰者勝

李筌曰料人事逆順然後以太一遁甲筭三門遇奇五將無關格迫脅主客之計者必勝也○杜牧曰下文所謂知彼知已是也○孟氏曰能料知敵情審其虛實者勝也○梅堯臣曰知可不可之宜○王晳曰可則進否則止保勝之道也○何氏曰

審己與敵○張預曰可戰則進攻不可戰則退守

能審攻守之宜則無不勝

識衆寡之用者勝

李筌曰量力也○杜牧曰先知敵之衆寡然後起兵以應之如王翦伐荆曰非六十萬不可是也○杜佑曰言兵之形有衆而不可擊寡或可以弱制强而能變之者勝也故春秋傳曰師克在和不在衆是也○梅堯臣曰量力而動○王晳曰謂我對敵兵之衆寡圖攻分戰是也○張預曰用兵之法有以少而勝衆者有以多而勝寡者在乎度其所

用而不失其宜則善如吳子所謂用衆者務易用少者務隘是也

上下同欲者勝

曹操曰君臣同欲○李筌曰觀士卒心上下同欲如報私仇者勝○陳皥曰言上下共同其利欲則三軍無怨敵可勝也傳曰以欲從人則可以人從欲鮮濟也○杜佑曰言君臣和同勇而戰者勝故孟子曰天時不如地利地利不如人和○梅堯臣曰心齊一也○王晳曰上下一心若先縠剛復以取敗呂布違異以致亡皆上下不同欲之所致○

何氏曰書云受有億兆夷人離心離得予有亂臣十人同心同德商滅而周興○張預曰百將一心三軍同力人人欲戰則所向無前矣

以虞待不虞者勝

李筌杜牧曰有備預也○孟氏曰虞度也左傳曰不備不虞不可以師待敵之可勝也○陳皞曰謂先爲不可勝之師待敵之可勝也○杜佑曰虞度也以我有法度之師擊彼無法度之兵○梅堯臣曰慎備非常○王晳曰以我之虞待敵之不虞也○何氏曰春秋時城濮之役晉無楚備以敗於邲

邲之役楚無晉備以敗於鄢自鄢已來晉不失備而加之以禮重之以睦是以楚弗能加晉又周末荆人伐陳吳救之軍行三十里雨十日夜不見星左史倚相謂大將子期曰雨十日夜甲輯兵聚吳人必至不如備之乃爲陳而吳人至見荆有備而反左史曰其反覆六十里其君子外小人爲食我行三十里擊之必克從之遂破吳軍魏大將軍南征吳到積湖魏將滿寵帥諸軍在前與敵隔水相對寵令諸將曰今夕風甚猛賊必來燒營宜豫爲之備諸軍皆警夜半賊果遣十部來燒營寵掩擊

破之又春秋衛人以燕師伐鄭鄭祭足原繁洩駕以三軍軍其前使曼伯與子元潛軍軍其後燕人畏鄭三軍而不虞制人六月鄭二公子以制人敗燕師于北制君子曰不備不虞不可以師又楚子重自陳伐莒圍渠丘渠丘城惡衆潰奔莒楚入渠丘莒人囚楚公子平楚人曰勿殺吾歸而俘莒人殺之楚師圍莒莒城亦惡庚申莒潰楚遂入鄆莒無備故也君子曰恃陋而不備罪之大者也備豫不虞善之大者也莒恃其陋而不修城郭浹辰之間而楚克其三都無備也夫○張預曰常爲不可

勝以待敵故吳起曰出門如見敵士季曰有備不敗

將能而君不御者勝

曹操曰司馬法曰進退惟時無曰寡人也○李筌曰將在外君命有所不受者勝眞將軍也吳伐楚吳公子光弟夫槩王至請擊楚子常不許夫槩曰所謂見義而行不待命也今日我死楚可入也以其屬五千先擊子常敗之審此則將能而君不能御也晉宣帝拒諸葛於五丈原天子使辛毗仗節軍門曰敢問戰者斬亮聞笑曰苟能制吾豈千里

請戰假言天子不許示武於衆此是不能之將○杜牧曰尉繚子曰夫將者上不制乎天下不制乎地中不制乎人故兵者凶器也將者死官也○杜佑曰將既精能曉練兵勢君能專任事不從中御故王子曰指授在君決戰在將也○梅堯臣曰自閫以外將軍制之○王晳曰君御能將者不能絕疑忌耳若賢明之主必能知人固當委任以責成効推轂授鉞是其義也攻戰之事一以專之不從中御所以一威且盡其才也況臨敵乘機間不容髮安可遥制之乎○何氏曰古者遣將於太廟親

操鉞持其首授其柄曰從是以上至天者將軍制之乃復操柄授與刃曰從是以下至淵者將軍制之故李牧之爲趙將居邊軍市之租皆自用饗士賞賜決於外不從中御也周亞夫之軍細柳軍中唯聞將軍之命不聞天子之詔也蓋用兵之法一步百變見可則進知難而退而曰有王命焉是白大人以救火也未及反命而煨燼久矣曰有監軍焉是作舍道邊也謀無適從而終不可成矣故御能將而責平猾虜者如絆韓盧而求獲狡兎者又何異焉張預曰將有智勇之能則當任以責成功

不可從中御也故曰閫外之事將軍裁之

此五者知勝之道也

曹操曰此上五事也

故曰知彼知己者百戰不殆

李筌曰量力而拒敵有何危殆乎○杜牧曰以我之政料敵之政以我之將料敵之將以我之衆料敵之衆以我之食料敵之食以我之地料敵之地校量已定優劣短長皆先見之然後兵起故有百戰百勝也○孟氏曰審知彼己强弱利害之勢雖百戰實無危殆乎○梅堯臣曰彼己五者盡知之故

無敗○王晳曰殆危也謂校盡彼我之情知勝而後戰則百戰不危○張預曰知彼知己者攻守之謂也知彼則可以攻知己則可以守攻是守之機守是攻之策苟能知之雖百戰不危也或曰士會察楚師之不可敵陳平料劉項之長短是知彼知己也

不知彼而知己一勝一負

李筌曰自以己强而不料敵則勝負未定秦主符堅以百萬之衆南伐或謂曰彼有人焉謝安桓沖江表偉才不可輕之堅曰我以八州之衆士馬百

萬投鞭可斷江水何難之有後果敗績則其義也○杜牧曰恃我之强不知敵不可伐者一勝一負

王猛將終諫符堅曰晉氏雖在江表而正朔所稟謝安桓沖江表偉人不可伐也及堅南伐曰吾士馬百萬投鞭可濟遂有淝水之敗也○陳皡曰杜説恃强之兵無名而伐無罪所以敗也非一勝一負之義○杜佑曰雖不知敵之形勢恃已能克之者勝負各半○梅堯臣曰自知已者勝負半也○王晳曰但能計已不知敵之强弱則或勝或負○張預曰唐太宗曰今之將臣雖未能知彼苟能知

己則安有不利乎所謂知己者守吾氣而有待焉者也故知守而不知攻則勝負之半

不知彼不知己每戰必殆

李筌曰是謂狂寇不敗何待也○杜佑曰外不料敵內不知己用戰必殆○梅堯臣曰一不知何以勝○王晳曰全昧於計也張預曰攻守之術皆不知以戰則敗

孫子集註卷之三

孫子集註卷之四

形篇曹操曰軍之形也我動彼應兩敵相察情也○李筌曰形謂主客攻守八陳五營陰陽向背之形○杜牧曰因形見情無形者情密有形者情疎密則勝疎則敗也○王晳曰形者定形也謂兩敵強弱有定形也善用兵者能變化其形因敵以制勝○張預曰兩軍攻守之形也隱於中則人不可得而知見於外則敵乘隙而至形因攻守而顯故次謀攻

孫子曰昔之善戰者先爲不可勝

張預曰所謂知己者也

以待敵之可勝

梅堯臣曰藏形內治伺其虛懈○張預曰所謂知

彼者也

不可勝在己可勝在敵

曹操曰自修理以待敵之虛懈也○李筌曰夫善用兵者守則深壁多具軍食善其教練攻其城則尚撞棚雲梯土山地道陳則在山川丘陵背孤向虛從疑擊閒善戰者犄角勢連首尾相應者爲不可勝也夫善戰者能爲不可勝不能使敵之必可勝故曰勝可知而不可爲不可勝者守也可勝者攻也此數者以爲可勝也○杜牧曰自整軍事長有待敵之備閉跡藏形使敵人不能測度因伺敵

人有可乘之便然後出而攻之○杜佑曰先吝之
廟堂慮其危難然後高壘深溝使兵練習以此守
備之故待敵之闕則可勝之言制敵在外故自修
理以候敵之虛懈巳見敵有闕漏之形然後可勝
○王晳曰不可勝者修道保法也可勝者有所隙
耳○張預曰守之故在巳攻之故在彼

故善戰者能爲不可勝

杜牧曰不可勝者上文註解所謂修整軍事閉形
藏跡是也此事在巳故曰能爲○張預曰藏形晦
跡居常嚴備則巳能焉

不能使敵之可勝

杜牧曰敵若無形可窺無虛懈可乘則我雖操可勝之具亦安能取勝敵乎○賈林曰敵有智謀深爲已備不能强令不已備○杜佑曰在己故練兵士策與道合深爲備者亦不可强勝之○梅堯臣曰在己故能爲在敵故無必○王晳曰在敵不在我也○張預曰若敵强弱之形不顯於外則我豈能必勝於彼

故曰勝可知

曹操曰見成形也○杜牧曰知者但能知己之力

可以勝敵也○陳皥曰取勝於形勝可知也
而不可爲
曹操曰敵有備故也○杜牧曰言我不能使敵人虛懈爲我可勝之資○賈林曰敵若隱而無形不可强爲勝敗○杜佑曰敵有備也已料敵見敵形者則勝負可知若敵密而無形亦不可强使爲敗故范蠡曰時不至不可强生事不究不可强成○梅堯臣曰敵有闕則可知敵無闕則不可爲何氏曰可知之勝在我我有備也不可爲之勝在敵敵無形也○張預曰已有備則勝可知敵有備則不

可爲

不可勝者守也

曹操曰藏形也○杜牧曰言未見敵人有可勝之形巳則藏形爲不可勝之備以自守也○杜佑曰藏形也若未見其形彼衆我寡則自守也○梅堯臣曰且有待也○何氏曰未見敵人形勢虛實有可勝之理則宜固守○張預曰知巳未可以勝則守其氣而待之

可勝者攻也

曹操曰敵攻巳乃可勝○李筌曰夫善用兵者守

則高壘堅壁也攻其橦棚雲梯土山地道陳左川澤右丘陵背孤向虛從疑擊間識辨五令以節衆勢連首尾相應者爲不可勝也無此數者以爲可勝也○杜牧曰敵人有可勝之形則當出而攻之○杜佑曰敵攻已乃可勝也已見其形彼寡我衆則可攻○梅堯臣曰見其闕也○王晳曰守者以於勝不足攻者以於勝有餘張預曰知彼有可勝之理則攻其心而取之

守則不足攻則有餘

曹操曰吾所以守者力不足也所以攻者力有餘

也〇李筌曰力不足者可以守力有餘者可以攻也〇梅堯臣曰守則知力不足攻則知力有餘〇張預曰吾所以守者謂取勝之道有所不足故且待之吾所以攻者謂勝敵之事已有其餘故出擊之言非百勝不戰非萬全不鬭也後人謂不足爲弱有餘爲强者非也

善守者藏於九地之下善攻者動於九天之上故能自保而全勝也

曹操曰因山川丘陵之固者藏於九地之下因天時之變者動於九天之上〇李筌曰天一遁甲經

云九天之上可以陳兵九地之下可以伏藏常以直符加時干後一所臨宮爲九天後二所臨宮爲九地地者靜而利藏天者運而利動故魏武不明二遁以九地爲山川九天爲天時也夫以天一太一之遁幽微知而用之故全也經云知三避五魁然獨處能知三五橫行天下以此法出不拘諸咎則其義也○杜牧曰守者韜聲滅跡幽比鬼神在於地下不可得而見之攻者勢迅聲烈疾若雷電如來天上不可得而備也九者高深數之極○陳皞曰春三月寅功曹爲九天之上申傳送爲九地

之下夏三月午勝先爲九天之上子神后爲九地之下秋三月申傳送爲九天之上寅功曹爲九地之下冬三月子神后爲九天之上午勝先爲九地之下也杜佑曰善守備者務因其山川之阻丘陵之固使不知所攻言其深密藏於九地之下善攻者務因天時地利水火之變使敵不知所備言其雷震發動若於九天之上也○梅堯臣曰九地言深不可知九天言高不可測蓋守備密而攻取迅也○王晳曰守者爲未見可攻之利當潛藏其形沉靜幽默不使敵人窺測之也攻者爲見可攻之

利當高遠神速乘其不意懼敵人覺我而爲之備
也九者極言之耳○何氏曰九地九天言其深微
尉繚子曰治兵者若祕於地若邃於天言其祕密
邃遠之甚也後漢涼州賊王國圍陳倉左將軍皇
甫嵩督前軍董卓救之卓欲速進赴陳倉嵩不聽
卓曰智者不後時勇者不留決速救則城全不救
則城滅全滅之勢在於此也嵩曰不然百戰百勝
不如不戰而屈人之兵是以先爲不可勝以待敵
之可勝不可勝在我可勝在彼彼守不足我攻有
餘有餘者動於九天之上不足者陷於九地之下

今陳倉雖小城守固備非九地之陷也王國雖强而攻我之所不救非九天之勢也夫勢非九天攻者受害陷非九地守者不拔國今已陷受害之地而陳倉保不拔之　城我可不煩兵動衆而取全勝之功將何救焉遂不聽王國圍陳倉自冬迄春八十餘日城堅守固竟不能拔賊衆疲弊果自解去○張預曰藏於九地之下喻幽而不可知也動於九天之上喻來而不可備也尉繚子曰若祕於地若邃於天是也守則固是自保也攻則取是全勝也

見勝不過衆人之所知非善之善者也

曹操曰當見未萌李筌曰知不出衆知非善也韓信破趙未餐而出井陘曰破趙會食時諸將嘸然佯應曰諾乃背水陳趙乘壁望見皆大笑言漢將不便兵也乃破趙食斬成安君此則衆所不知也杜牧曰衆人之所見破軍殺將然後知勝我之所見廟堂之上罇俎之間已知勝負者矣賈林曰守必固攻必克能自保全而常不失勝見未然之勝善知將然之敗謂實微妙通玄非衆人之所見也○孟氏曰當見未萌言兩軍已交雖料見勝負策

不能過絶於人但見近形非遠太公曰智與衆同非國師也○梅堯臣曰人所見而見故非善○王晳曰衆常之人見所以勝而不知制勝之形○張預曰衆人所知已成已著也我之所見未形未萌也

戰勝而天下曰善非善之善者也

曹操曰爭鋒也○李筌曰爭鋒力戰天下易見故非善也○杜牧曰天下猶上文言衆也言天下人皆稱戰勝者故破軍殺將者也我之善者陰謀潛運攻必伐謀勝敵之日曾不血刃○陳皥曰潛運

其智專伐其謀未戰而屈人之兵乃是善之善者也梅堯臣曰見不過衆戰雖勝天下稱之猶不曰善〇王晳曰以謀屈人則善矣〇張預曰戰而後能勝衆人稱之曰善是有智名勇功也故云非善若見微察隱取勝於無形則眞善者也

故舉秋毫不爲多力見日月不爲明目聞雷霆不爲聰耳

曹操曰易見聞也〇李筌曰易見聞也以爲攻戰勝而天下不曰善也夫智能之將人所莫測爲之深謀故孫武曰難知如陰也〇王晳曰衆人之所

知不爲智力戰而勝人不爲善○何氏曰此言衆人之所見所聞不足爲異也昔烏獲舉千鈞之鼎爲力離朱百步覩纖芥之物爲明師曠聽蚊行螘步爲聰也兵之成形而見之誰不能也故勝於未形乃爲知兵矣○張預曰人皆能也引此以喻衆人之見勝也秋毫謂兎毛至秋而勁細言至輕也

古之所謂善戰者勝於易勝者也

曹操曰原微易勝攻其可勝不攻其不可勝也○杜牧曰敵人之謀初有萌兆我則潛運以能攻之用力既少制勝既微故曰易勝也○梅堯臣曰力

舉秋毫明見日月聰聞雷霆不出衆人之所能也故見於著則勝於難見於微則勝於易○何氏曰言敵人之謀初有萌兆我則潛運已能攻之用力旣少制敵甚微故曰易勝也○張預曰交鋒接刃而後能制敵者是其勝難也見微察隱而破於未形者是其勝易也故善戰者常攻其易勝而不攻其難勝也

故善戰者之勝也無智名無勇功

曹操曰敵兵形未成勝之無赫赫之功也李筌曰勝敵而天下不知何智名之有○杜牧曰勝於未

萌天下不知故無智名曾不血刃敵國已服故無
勇功也○梅堯臣曰大智不彰大功不揚見微勝
易何勇何智○何氏曰患銷未形人誰稱智不戰
而服人誰言勇漢之子房唐之裴度能之○張預
曰陰謀潛運取勝於無形天下不聞料敵制勝之
智不見搴旗斬將之功若留侯未甞有戰鬬功是
也

故其戰勝不忒

李筌曰百戰百勝有何疑貳也此筌以忒字爲貳
也○陳皞曰籌不虛運策不徒發張預曰力戰而

求勝雖善者亦有敗時旣見於未形察於未成則

百戰百勝而無一差忒矣

不忒者其所措必勝勝已敗者也

曹操曰察敵必可敗不差忒也○李筌曰置勝於已敗之師何忒焉師老卒惰法令不一謂已敗也○杜牧曰措猶置也忒差忒也我能置勝不忒者何也蓋先見敵人已敗之形然後攻之故能致必勝之功不差忒也○賈林曰讀措爲錯錯雜也取敵之勝理非一途故雜而料之也常於勝未形已見敵之敗○梅堯臣曰睹其可敗勝則不差○何

氏曰善料也○張預曰所以能勝而不差者蓋察知敵人有必可敗之形然後措兵以能之云耳

故善戰者立於不敗之地而不失敵之敗也

李筌曰兵得地者昌失地者亡地者要害之地秦軍敗趙先據北山者勝宋師伐燕過大峴而勝皆得其地也○杜牧曰不敗之地者爲不可勝之計使敵人必不能敗我也不失敵人之敗者言窺伺敵人可敗之形不失毫髮也○陳皥註同李筌○杜佑註同杜牧○梅堯臣曰善候敵隙我則常勝○王晳曰常爲不可勝待敵可勝不失其機○何

氏曰自恃有備則無患常伺敵隙則勝之不失也

立於不敗之地利也言我常爲勝所○張預曰審吾法令明吾賞罰便吾器用養吾武勇是立於不敗之地也我有節制則彼將自衄是不失敵之敗也

是故勝兵先勝而後求戰敗兵先戰而後求勝

曹操曰有謀與無慮也○李筌曰計與不計也是以薛公知黥布之必敗田豐知魏武之必勝是其義也○杜牧曰管子曰天時地利其數多少其要必出於計數故凡攻伐之道計必先定於內然後

兵出乎境不明敵人之政不能加也不明敵人之積不能約也不明敵人之將不見先軍不明敵人之士不見先陳故以衆擊寡以理擊亂以富擊貧以能擊不能以教士練卒擊敺衆白徒故能百戰百勝此則先勝而後求戰之義也衛公李靖曰夫將之上務在於明察而衆和謀深而慮遠審於天時稽乎人理若不料其能不達權變及臨機對敵方始趑趄左顧右盼計無所出信任過說一彼一此進退狐疑部伍狼籍何異趣蒼生而赴湯火驅牛羊而啗狼虎者乎此則先戰而後求勝之義也

○賈林曰不知彼我之情陳兵輕進意雖求勝而終自敗也梅堯臣曰可勝而戰戰則勝矣未見可戰勝可得乎○何氏曰凡用兵先定必勝之計而後出軍若不先謀而欲恃强勝未必也○張預曰計謀先勝然後興師故以戰則克尉繚子曰兵不必勝不可以言戰攻不必拔不可以言攻謂危事不可輕舉也又曰兵貴先勝於此則勝彼矣弗勝於此則弗勝彼矣此之謂也若趙充國常先計而後戰亦是也不謀而進欲幸其成功故以戰則敗

善用兵者修道而保法故能爲勝敗之政

曹操曰善用兵者先自修治爲不可勝之道保法度不失敵之敗亂也○李筌曰以順討逆不伐無罪之國軍至無虜掠不伐樹木汙井竈所過山川城社陵祠必滌而除之不習亡國之事謂之道法也軍嚴肅有死無犯賞罰信義將若此者能勝敵之敗政也○杜牧曰道者仁義也法者法制也善用兵者先修理仁義保守法制自爲不可勝之政伺敵有可敗之隙則攻能勝之○賈林曰常修用兵之勝道保賞罰之法度如此則當爲勝不能則敗故曰勝敗之政也○梅堯臣曰攻守自修法令

自保在我而已○王晳曰法者下之五事也張預曰修治爲戰之道保守制敵之法故能必勝或曰先修飾道義以和其衆後保守法令以戢其下使民愛而畏之然後能爲勝敗

兵法一曰度

賈林曰度土地也○王晳曰丈尺也

二曰量

賈林曰量人力多少倉廩虛實○王晳曰㪷斛也

三曰數

賈林曰筭數也以數推之則衆寡可知虛實可見

○王晳曰百千也

四曰稱

賈林曰旣知衆寡兼知彼我之德業輕重才能之長短○王晳曰權衡也

五曰勝

曹操曰勝敗之政用兵之法當以此五事稱量知敵之情○張預曰此言安營布陳之法也李衛公曰教士猶布碁於盤若無畫路碁安用之

地生度

曹操曰因地形勢而度之○李筌曰旣度有情則

量敵而禦之○杜牧曰度者計也言度我國土大小人户多少征賦所入兵車所籍山河險易道里迂直自度此事與敵人如何然後起兵夫小不能謀大弱不能擊強近不能襲遠夷不能攻險此皆生於地故先度也○梅堯臣曰因地以度軍勢○王晳曰地人所履也舉兵攻戰先本於地由地故生度度所以度長短知遠近也凡行軍臨敵先須知遠近之計○何氏曰地者遠近險易也度計也未出軍先計敵國之險易道路迂直兵甲孰多勇怯孰是計度可伐然後與師動衆可以成功

度生量

杜牧曰量者酌量也言度地已熟然後能酌量彼我之强弱也○梅堯臣曰因度地以量敵情○王晳曰謂量有大小言既知遠近之計則須更量其地之大小也○何氏曰量酌彼已之形勢

量生數

曹操曰知其遠近廣狹知其人數也○李筌曰量敵遠近强弱須備士卒軍資之數而勝也○杜牧曰數者機數也言强弱已定然後能用機變數也○賈林曰量地遠近廣狹則知敵人人數多少也

○梅堯臣曰因量以得衆寡之數○王晳曰數所以紀多少言既知敵之大小則更計其精劣多少之數曹公曰知其人數○何氏曰數機變也先酌量彼我强弱利害然後爲機數○張預曰地有遠近廣狹之形必先度知之然後量其容人多少之數也

數生稱

曹操曰稱量敵孰愈也○李筌曰分數既定賢智之多少得賢者重失賢者輕如韓信之論楚漢也須知輕重別賢愚而稱之錙銖則强○杜牧曰稱

校也機權之數已行然後可以稱校彼我之勝負
也○梅堯臣曰因數以權輕重○王晳曰稱所以
知重輕踰強弱之形勢也能盡知遠近之計大小
之舉多少之數以與敵相形則知重輕所在○何
氏同杜牧註
稱生勝
曹操曰稱量之數知其勝負所在○李筌曰稱知
輕重勝敗之數可知也○杜牧曰稱校既熟我勝
敵敗分明見也○梅堯臣曰因輕重以知勝負○
王晳曰重勝輕也陳皥杜佑李筌同杜牧上五事

註○何氏曰上五事未戰先計必勝之法故孫子引古法以疏勝敗之要也○張預曰稱宜也地形與人數相稱則踈密得宜故可勝也尉繚子曰無過在於度數度謂尺寸數謂什伍度以量地數以量兵地與兵相稱則勝五者皆因地形而得故自地而生之也李靖五陳隨地形而變是也

故勝兵若以鎰稱銖

梅堯臣曰力易舉也

敗兵若以銖稱鎰

曹操曰輕不能舉重也○李筌曰二十兩爲鎰銖

之於鎰輕重異位勝敗之數亦復如之○梅堯臣曰力難制也○王晳曰言銖鎰者以明輕重之至也○張預曰二十兩爲鎰二十四銖爲兩此言有制之兵對無制之兵輕重不侔也

勝者之戰民也若決積水於千仞之谿者形也

曹操曰八尺曰仞決水千仞其高勢疾也李筌曰八尺曰仞言其勢也杜預伐吳言兵如破竹數節之後皆迎刃自解則其義也○杜牧曰夫積水在千仞之谿不可測量如我之守不見形也及決水下湍悍奔注如我之攻不可禦也○梅堯臣曰水

決千仞之谿莫測其迅兵動九天之上莫見其跡此軍之形也○王晳曰千仞之谿至陗絕也喻不可勝對可勝之形乘機攻之決水是也○張預曰水之性避高而趨下決之赴深谿固湍浚而莫之禦也兵之形象水乘敵之不備掩敵之不意避實而擊虛亦莫之制也或曰千仞之谿謂不測之淵人莫能量其淺深及決而下之則其勢莫之能禦如善守者匿形晦跡藏於九地之下敵莫能測其強弱及乘虛而出則其鋒莫之能當也

孫子集註卷之四

孫子集註卷之五

勢篇

曹操曰用兵任勢也○李筌曰陳以形成如決建瓴之勢故以是篇次之○王晳曰勢者積勢之變也善戰者能任勢以取勝不勞力也○張預曰兵勢已成然後任勢以取勝故次形

孫子曰凡治衆如治寡分數是也

曹操曰部曲爲分什伍爲數○李筌曰善用兵者將鳴一金舉一旗而三軍盡應號令旣定如寡焉○杜牧曰分者分別也數者人數也言部曲行伍皆分別其人數多少各任偏裨長伍訓練昇降皆責成之故我所治者寡也韓信曰多多益辦是也

○陳皡曰若聚兵既衆即須多爲部伍部伍之内各有小吏以主之故分其人數使之訓齊決斷遇敵臨陳授以方略則我統之雖衆治之益寡○孟氏曰分隊伍也數兵之大數也分數多少制置先定○梅堯臣曰部伍奇正之分數各有所統○王晳曰分數謂部曲也偏裨各有部分與其人數若師旅卒兩之屬○張預曰統衆既多必先分偏裨之任定行伍之數使不相亂然後可用故治兵之法一人曰獨二人曰比三人曰參比參爲伍五人爲列二列爲火五火爲隊二隊爲官二官爲曲二

曲爲部二部爲校二校爲裨二裨爲軍遞相統屬
各加訓練雖治百萬之衆如治寡也
鬬衆如鬬寡形名是也
曹操曰旌旗曰形金鼓曰名○杜牧曰旌旗鍾鼓
敵亦有之我安得獨爲形名鬬衆如鬬寡也夫形
者陳形也名者旌旗也戰法曰陳間容陳足曳白
刃故大陳之中復有小陳各占地分皆有陳形旗
者各依方色或認以鳥獸某將某陳自有名號形
名已定志專勢孤人自爲戰敗則自敗勝則自勝
戰百萬之兵如戰一夫此之是也○陳皡曰夫軍

士既衆分布必廣臨陳對敵遠不相知故設旌旗之形使各認之進退遲速又不相聞故設金鼓以節之所以令之曰聞鼓則進聞金則止曹說是也○梅堯臣曰形以旌旗名以采章指麾應速無有後先○王晳曰曹公曰旌旗曰形金鼓曰名晳謂形者旌旗金鼓之制度名者各有其名號也○張預曰軍政曰言不相聞故爲鼓鐸視不相見故爲旌旗今用兵既衆相去必遠耳目之力所不聞見故令士卒望旌旗之形而前却聽金鼓之號而行止則勇者不得獨進怯者不得獨退故曰此用衆

之法也

三軍之衆可使必受敵而無敗者奇正是也

曹操曰先出合戰爲正後出爲奇○李筌曰當敵爲正傍出爲奇將三軍無奇兵未可與人爭利漢吳王濞擁兵入大梁吳將田伯祿說吳王曰兵屯聚而西無他奇道難以立功臣願得五萬人别循江淮而上收淮南長沙入武關與大王大王會此亦一奇也不從遂爲周亞夫所敗此則有正無奇○杜牧曰解在下文○賈林曰當敵以正陳取勝以奇兵前後左右俱能相應則常勝而不敗也○

梅堯臣曰動爲奇靜爲正靜以待之動以勝之○
王晳曰必當作畢字誤也奇正還相生故畢受敵
而無敗也○何氏曰兵體萬變紛紜混沌無不是
正無不是奇若兵以義舉者正也臨敵合變者奇
也我之正使敵視之爲奇我之奇使敵視之爲正
正亦爲奇奇亦爲正大抵用兵皆有奇正無奇正
而勝者幸勝也浪戰也如韓信背水而陳以兵循
山而拔趙幟以破其國則背水正也循山奇也信
又盛兵臨晉而以木罌從夏陽襲安邑而虜魏王
豹則臨晉正也夏陽奇也由是觀之受敵無敗者

奇正之謂也尉繚子曰令以鏌鋣之利犀兕之堅三軍之衆有所奇正則天下莫當其戰矣○張預曰三軍雖衆使人人皆受敵而不敗者在乎奇正也奇正之説諸家不同尉繚子則曰正兵貴先奇兵貴後曹公則曰先出合戰爲正後出爲奇李衛公則曰兵以前向爲正後却爲奇此皆以正爲正以奇爲奇曾不説相變循環之義唯唐太宗曰以奇爲正使敵視以爲正則吾以奇擊之以正爲奇使敵視以爲奇則吾以正擊之混爲一法使敵莫測兹最詳矣

兵之所加如以碫投卵者虛實是也

曹操曰以至實擊至虛○李筌曰碫實卵虛以實擊虛其勢易也○孟氏曰碫石也兵若訓練至整部領分明更能審料敵情委知虛實後以兵而加之實同以碫石投卵也○梅堯臣曰碫石也音遐以實擊虛猶以堅破脆也○王晳曰鍛冶鐵也○何氏曰用兵識虛實之勢則無不勝○張預曰下篇曰善戰者致人而不致於人此虛實彼我之法也引致敵來則彼勢常虛不往赴彼則我勢常實以實擊虛如舉石投卵其破之必矣夫合軍聚衆

先定分數分數明然後習形名形名正然後分奇正奇正審然後虛實可見矣四事所以次序也

凡戰者以正合以奇勝

曹操曰正者當敵奇兵從傍擊不備也○李筌曰戰無其詐難以勝敵○杜佑曰正者當敵奇者從傍擊不備以正道合戰以奇變取勝也○梅堯臣曰用正合戰用奇勝敵○何氏曰如戰國廉頗爲趙將秦使間曰秦獨畏趙括耳廉頗易與且降矣會頗軍多亡失數敗堅壁不戰又聞秦反間之言使括代頗至則出軍擊秦秦軍佯敗而走張二奇

兵以劫之趙軍逐勝追造秦壁壁堅拒不得入而秦奇兵二萬五千絶趙軍後又五千騎絶趙壁間趙兵分爲二糧道絶括卒敗又唐突厥犯塞煬帝令唐高祖與馬邑太守王仁恭率衆備邊會虜寇馬邑仁恭以衆寡不敵有懼色高祖曰今主上遐遠孤城絶援若不死戰難以圖全於是親選精騎四千出爲遊軍居處飲食隨逐水草一同於突厥見虜候騎但馳騁獵耳若輕之及與虜相遇則掎角置陳選善射者爲別隊持滿以待之虜莫能測不敢決戰因縱奇兵擊走之獲其特勤所乘駿馬

斬首千餘級又太宗選精銳千餘騎爲奇兵皆黑
衣玄甲分爲左右隊建大旗令騎將秦叔寶程齩
金等分統之每臨冦太宗躬被玄甲先鋒率之候
機而進所向摧殄常以少擊衆賊徒氣懾又五代
漢高祖在晉陽郭進往依之漢祖壯其材會北虜
屠安陽城因遣進攻拔之戎人遁去授坊州刺史
虜主道斃高祖出奇兵井陘進以間道先入洺北
因定河北此皆以奇勝之迹也○張預曰兩軍相
臨先以正兵與之合戰徐發奇兵或擣其旁或擊
其後以勝之若鄭伯禦燕師以三軍軍其前以潛

軍軍其後是也

故善出奇者無窮如天地

李筌曰動靜也

不竭如江河

李筌曰通流不絕○杜佑曰言應變出奇無窮竭○張預曰言應變出奇無有窮竭

終而復始日月是也死而復生四時是也

李筌曰奇變如日月四時虧盈寒暑不停○杜佑曰日月運行入而復出四時更王興而復廢言奇正變化或若日月之進退四時之盛衰也○張預

曰日月運行入而復出四時更互盛而復衰喻奇

正相變紛紜渾沌終始無窮也

聲不過五

李筌曰宮商角徵羽也

五聲之變不可勝聽也

李筌曰變入八音奏樂之曲不可盡聽

色不過五

李筌曰青黄赤白黑也

五色之變不可勝觀也味不過五

李筌曰酸辛鹹甘苦也

五味之變不可勝嘗也

曹操曰自無窮如天地已下皆以喻奇正之無窮也○李筌曰五味之變庖宰鼎飪也○杜牧曰自無窮如天地已下皆喻八陳奇正也○張預曰引五聲五色五味之變以喻奇正相生之無窮

戰勢不過奇正奇正之變不可勝窮也

李筌曰激截掩襲萬途之勢不可窮盡也○梅堯臣曰奇正之變猶五聲五色五味之變無盡也○王晳曰奇正者用兵之鈐鍵制勝之樞機也臨敵運變循環不窮窮則敗也○孟氏曰六韜云奇正

發於無窮之源○張預曰戰陳之勢止於奇正一事而已及其變而用之則萬途千轍烏可窮盡也

奇正相生如循環之無端孰能窮之

李筌曰奇正相依而生如環團圓不可窮端倪也○梅堯臣曰變動周旋之不極○王晳曰敵不能窮我也○何氏曰奇正生而轉相爲變如循歷其環求首尾之莫窮也○張預曰奇亦爲正正亦爲奇變化相生若循環之無本末誰能窮詰

激水之疾至於漂石者勢也

孟氏曰勢峻則巨石雖重不能止○杜佑曰言水

性柔弱石性剛重至於漂轉大石投之洿下皆由急疾之流激得其勢○張預曰水性柔弱險徑要路激之疾流則其勢可以轉巨石也

鷙鳥之疾至於毀折者節也

曹操曰發起擊敵○李筌曰柔勢可以轉剛況於兵者乎彈射之所以中飛鳥者善於疾而有節制○杜牧曰勢者自高注下得險疾之勢故能漂石也節者節量遠近則攫之故能毀折物也○杜佑曰發起討敵如鷹鸇之攫撮也必能挫折禽獸者皆由伺候之明邀得屈折之節也王子曰鷹隼一

擊百鳥無以爭其勢猛虎一奮萬獸無以爭其威○梅堯臣曰水雖柔勢迅則漂石鷙雖微節勁則折物○王晳曰鷙鳥之疾亦勢也由勢然後有搏擊之節下要云險故先取漂石以喻也○何氏曰水能動石高下之勢也鷙能搏物能節其遠近也○張預曰鷹鸇之擒鳥雀必節量遠近伺候審而後擊故能折物尉繚子曰便吾器用養吾武勇發之如鳥擊李靖曰鷙鳥將擊卑飛斂翼皆言待之而後發也

是故善戰者其勢險

曹操李筌曰險猶疾也○杜牧曰險者言戰爭之勢發則殺人故下文喻如彍弩○王晳曰險者折以致其疾也如水得險隘而成勢

其節短

曹操李筌曰短近也○杜牧曰言以近節也如鷙鳥之發近則搏之力全志專則必獲也○杜佑曰短近也節斷也短近言能因危取勝以卒擊近也○梅堯臣曰險則迅短則勁故戰之勢當險疾而短近也○王晳曰鷙之能搏者發必中來勢遠而所搏之節至短也兵之乘機當如是耳曹公曰短

者近也○孟氏同杜牧註○張預曰險疾短近也言善戰者先度地之遠近形之廣狹然後立陳使部伍行列相去不遠其進擊則以五十步爲節不可過遠故勢迅則難禦節近則易勝

勢如彍弩節如發機

曹操曰在度不遠發則中也○李筌曰弩不疾則不遠矢不近則不中勢尚疾節務速○杜牧曰彍張也如弩已張發則殺人故上文云其勢險也機者固須以近節量之然後必能中故上文云其節短短乃近也此言戰陳不可遠逐敵人恐有隊伍

離散斷絶反爲敵所乘也故牧野誓曰六步七步四伐五伐是以近也○陳皥曰弩之發機近則易中戰之遇敵疾則易捷若趨馳不速奮擊不近則不能克敵而全勝○賈林曰戰之勢如弩之張兵之勢如機之發○梅堯臣曰彍音霍彍張也如弩之張勢不逡巡如機之發節近易中也○王晳曰戰勢如弩之張者所以有待也待其有可乘之勢如發其機○何氏曰險疾也短近也此言擊戰得形便如張弩發機勢宜疾速仍利於便近不得追擊過差也故太公曰擊如發機者所以破精微也

○張預曰如弩之張勢不可緩如機之發節不可遠言趨利尚疾奮擊貴近也故太公曰擊如發機者所以破精微也

紛紛紜紜鬬亂而不可亂也渾渾沌沌形圓而不可敗也

曹操曰旌旗亂也示敵若亂以金鼓齊之卒騎轉而形圓者出入有道齊整也○李筌曰紛紜而鬬示如可亂建旌有部鳴金有節是以不可亂也渾沌合雜也形圓無向背也示敵可敗而不可敗者號令齊整也○杜牧曰此言陳法也風后握奇文

曰四爲正四爲奇餘奇爲握奇音機或總稱之先出遊軍定兩端此之是也奇者零也陳數有九中心有零者大將握之不動以制四面八陳而取準則爲其人之列面面相向背背相承也周禮蒐苗獮狩車驟徒趨及表乃止進退疾徐疏密之節一如戰陳表乃旗也旗者蓋與民期於下也握奇文曰先出遊軍定兩端蓋遊軍執本方旗先定地界然後軍士赴之兵於旗下乃出奇正變爲陳也周禮蒐苗獮狩車驟徒趨及表乃止此則八陳遺制握奇之文止此而已其餘之詞乃後之作者增加

之以重難其事耳夫五兵之利無如弧矢之利以威天下五兵同致天獨有弧矢星聖人獨言弧矢能威天下不言他兵何也蓋戰法利於弧矢者非得陳不見其利故黃帝勝於蚩尤以中夏車徒制夷虜騎士此乃弧矢之利也在於近代可以驗之者晉武時羌陷涼州司馬督馬隆請募勇士三千平之募腰引弩三十六鈞弓四鈞立標簡試軍西渡溫水虜樹機能以衆萬計遏隆隆依八陳法且戰且前弓矢所人皆應弦而倒誅殺萬計涼州遂平隋時突厥入寇楊素擊之先是諸將與虜戰每

虜胡騎奔突皆戎車徒步相參舁鹿角爲方陳騎在其內素至悉除舊法令諸軍各爲步騎突厥聞之以手加額仰天曰天賜我也大率精騎十餘萬而至素一戰大破之此乃以徒步制騎士若非有陳法知開闔首尾之道安能致勝也曲禮曰行前朱雀而後玄武左青龍而右白虎招搖在上急繕其怒鄭司農云以四獸爲軍陳象天也孔疏曰此言軍行象天文而作陳法但不知作之何如耳何徽云畫此四獸於旌旗上以標前後左右之陳也急繕其怒言其卒之勁利威怒如天之怒也招搖

北斗杓第七星也舉此則六星可知也陳象天文即北斗也復曰進退有度鄭司農註曰度謂伐與步數也孔疏曰如牧野誓云六步七步四伐五伐是也復曰左右有局鄭司農註曰局是步分孔疏曰言軍之左右各有部分進則就敵退則就列不相差濫也下文復曰父之讎弗與共戴天兄弟之讎不返兵交遊之讎不同國四郊多壘此卿大夫之辱也此言讎辱至於戰爭期在必勝固不可不知陳法也其文故相次而言乃聖賢之深旨矣軍志曰陳間容陳足曳白刃隊間容隊可與敵對前

禦其前後當其後左防其左右防其右行必魚貫立必鴈行長以參短短以參長回軍轉陳以前爲後以後爲前進無奔迸退無遽走四頭八尾觸處爲首敵衝其中兩頭俱救此亦與曲禮之說同數起於五而終於八今夔州州前諸葛武侯以石縱橫入行布爲方陳奇正之出皆生於此奇亦爲正之正正亦爲奇之奇彼此相用循環無窮也諸葛出斜谷以兵少但能正用六數今盩厔司竹園乃有舊壘司馬懿以十萬步騎不敢決戰蓋知其能也○杜佑曰旌旗亂也示敵若亂以金鼓齊之紛

紛旌旗像紜紜士卒貌言旌旗翻轉一合一離士卒進退或往或來視之若散擾之若亂然其法令素定度職分明各有分數擾而不亂者也車騎齊轉形圓者出入有道齊整也渾渾車輪轉行沌沌步驟奔馳視其行陳縱横圓而不方然而指趨各有所應故王子曰將欲内明而外暗内治而外混所以示敵之輕已者也梅堯臣曰分數已定形名已立離合散聚似亂而不能亂形無首尾應無前後陽旋陰轉欲敗而不能敗○王晳曰曹公曰旌旗亂也示敵若亂以金鼓齊之矣晳謂紛紜鬭亂

之貌也不可亂者節制嚴明耳又曹公曰車騎轉
而形圓者出入有道齊整也晳謂渾沌形圓不測
之貌也不可敗者無所隙缺又不測故也○何氏
曰此言鬭勢也善將兵者進退紛紛似亂然士馬
素習旌旗有節非亂也渾沌形勢乍離乍合人以
爲敗而號令素明離合有勢非可敗也形圓無行
列也○張預曰此八陳法也昔黃帝始立丘井之
法因以制兵故井分四道八家處之井字之形開
方九焉五爲陳法四爲閑地所謂數起於五也虛
其中大將居之環其四面諸部連繞所謂終於八

也及乎變化制敵則紛紜聚散鬬雖亂而法不亂渾沌交錯形雖圓而勢不散所謂分而成八復而爲一也後世武侯之方陳李靖之六花唐太宗之破陳樂舞皆其遺制也

亂生於治怯生於勇弱生於彊

曹操曰皆毁形匿情也○李筌曰恃治之整不撫其下而多怨其亂必生秦幷天下銷兵焚書以列國爲郡縣而秦自稱始皇都關中以爲至萬代有之至胡亥矜驕陳勝吳廣乘弊而起所謂亂生於治也以勇陵人爲敵所敗秦王符堅鼓行伐晉勇

也及其敗聞風聲鶴唳以爲晉軍是其怯也所謂怯生於勇也吳王夫差兵無敵於天下陵齊於黄池陵越於會稽是其彊也爲越所敗城門不守兵圍王宮殺夫差而幷其國所謂弱生於彊也○杜牧曰言欲僞爲亂形以誘敵人先須至治然後能爲僞亂也欲僞爲怯形以伺敵人先須至勇然後能爲僞怯也欲僞爲弱形以驕敵人先須至彊然後能爲僞弱也○賈林曰恃治則亂生恃勇彊則怯弱生○梅堯臣曰治則能僞爲亂勇則能僞爲怯彊則能僞爲弱○王晳同梅堯臣註○何氏曰

言戰時爲奇正形勢以破敵也我兵素治矣我士素勇矣我勢素彊矣若不匿治勇彊之勢何以致敵須張似亂似怯似弱之形以誘敵人彼惑我誘之之狀破之必矣○張預曰能示敵以紛亂必已之治也能示敵以懦怯必已之勇也能示敵以羸弱必已之强也皆匿形以誤敵人

治亂數也

曹操曰以部曲分名數爲之故不亂也○李筌曰應數也百六之災陰陽之數不由人興時所會也○杜牧曰言行伍各有分畫部曲皆有名數故能

爲治然後能爲僞亂也夫爲僞亂者出入不時樵採縱橫刁斗不嚴是也○賈林曰治亂之分各有度數○梅堯臣曰以治爲亂存之乎分數○王晳曰治亂者數之變數謂法制○張預曰實治而僞示以亂明其部曲行伍之數也上文所謂治衆如治寡分數是也

勇怯勢也

李筌曰夫兵得其勢則怯者勇失其勢則勇者怯兵法無定惟因勢而成也○杜牧曰言以勇爲怯者也見有利之勢而不動敵人以我爲實怯也○

陳皥曰勇者奮速也怯者淹緩也敵人見我欲進不進即以我爲怯也必有輕易之心我因其懈惰假勢以攻之龍且輕韓信鄭人誘我師是也○孟氏註同陳皥○梅堯臣曰以勇爲怯示之以不取○王晳曰勇怯者勢之變○張預曰實勇而僞示以怯因其勢也魏將龐涓攻韓齊將田忌救之孫臏謂忌曰彼三晉之兵素悍勇而輕齊齊號爲怯善戰者因其勢而利導之使齊軍入魏地日減其竈涓聞之大喜曰吾素知齊怯乃倍日幷行逐之

遂敗於馬陵

彊弱形也

曹操曰形勢所宜○杜牧曰以彊爲弱須示其形匈奴冒頓示婁敬以羸老是也○陳皥曰楚王毀中軍以張隨人用爲後圖此類也梅堯臣曰以彊爲弱形之以羸懦○王晳曰彊弱者形之變○何氏曰形勢暫變以誘敵戰非怯非弱也示亂不亂隊伍本整也○張預曰實彊而僞示以弱見其形也漢高祖欲擊匈奴遣使覘之匈奴匿其壯士肥馬見其弱兵羸畜使者十輩皆言可擊惟婁敬曰兩國相攻宜矜誇所長今徒見老弱必有奇兵不

可擊也帝不從果有白登之圍
故善動敵者形之敵必從之
曹操曰見羸形也○李筌曰善誘敵者軍或彊能
進退其敵也晉人伐齊斥山澤之險雖所不至必
旆而疏陳之輿曳柴從之齊人登山而望晉師見
旌旗揚塵謂其衆而夜遁則晉弱齊爲彊也齊伐
魏將田忌用孫臏謀減竈而趨大梁魏將龐涓逐
之曰齊虜何其怯也入吾境亡者半矣及馬陵爲
齊人所敗殺龐涓虜魏太子而旋形以弱而敵從
之也○杜牧曰非止於羸弱也言我強敵弱則示

以贏形動之使來我弱敵強則示之以強形動之使去敵之動作皆須從我孫臏曰齊國號怯三晉輕之令入魏境爲十萬竈明日爲五萬竈魏龐涓逐之曰齊虜何怯也入吾境士亡者太半因急追之至馬陵道狹臏乃斫木書之曰龐涓死此樹下伏弩於側令曰見火始發涓至鑽燧讀之萬弩齊發龐涓死此乃示以贏形能動龐涓遂來從我而殺之也隋煬帝於鴈門爲突厥始畢可汗所圍太宗應募救援隸將軍雲定興營將行謂定興曰必多齎旗鼓以設疑兵且始畢可汗敢圍天子必以

我倉卒無援我張吾軍容令數十里晝則旌旗相續夜則鉦鼓相應虜必以爲救兵雲集覩塵而遁不然彼衆我寡不能久矣定興從之師次崞縣始畢遁去此乃我弱敵强示之以强動之令去故敵之來去一皆從我之形也○梅堯臣曰形亂弱而必從○王晳曰誘敵使必從○何氏曰移形變勢誘動敵人敵昧於戰必落我計中而來力足制之○張預曰形之以羸弱敵必來從晉楚相攻苗賁皇謂晉侯曰若欒范易行以誘之中行二郤必克二穆果敗楚師又楚伐隋羸師以張之季良曰楚

之羸誘我也皆此二義也

予之敵必取之

曹操曰以利誘敵敵遠離其壘而以便勢擊其空虛孤特也○杜牧曰曹公與袁紹相持官渡曹公循河而西紹於是渡河追公公營南阪下馬解鞍時白馬輜重就道諸將以爲敵騎多不如還營荀攸曰此所以餌敵也安可去之紹將文醜與劉備將五六千騎前後繼至或分趨輜重公曰可矣乃皆上馬時騎不滿六百人遂大破之斬文醜○梅堯臣曰示畏怯而必取○王晳曰餌敵使必取予

與同○張預曰誘之以小利敵必來取吳以囚徒
誘越楚以樵者誘絞是也
以利動之以卒待之
曹操曰以利動敵也○李筌曰後漢大司馬鄧禹
之攻赤眉也赤眉佯北棄輜重而遁車皆載土覆
之以豆禹軍乏食競趨之不爲行列赤眉伏兵奄
至擊之禹大敗則其義也○杜牧曰以利動敵敵
旣從我則嚴兵以待之上文所解是也○梅堯臣
曰以上數事動誘動而從我則以精卒待之○王
晳曰或使之從或使之取必先嚴兵以待之也○

何氏曰敵貪我利則失行列利既能動則以所待之卒擊之無不勝也如曹公西征馬超與超夾關爲軍公急持之而潛遣徐晃朱靈等夜渡蒲坂津據河西爲營公自潼關北渡未濟超赴船急戰公放牛馬以餌賊賊亂取牛馬公得渡循河爲甬道而南賊退距渭口公乃多設疑兵潛以舟載兵入渭爲浮橋夜分兵結營於渭南賊夜攻營伏兵奮擊破之十六國南涼禿髮傉檀守姑臧後秦姚興遣將姚弼等至於城下傉檀驅牛羊於野弼衆採掠傉檀分兵擊大破之後魏末大將廣陽王元深

伐北狄使于謹單騎入賊中示以恩信於是西部鐵勒酋長也列河等三萬餘戶竝欵附相率南遷廣陽欲與謹至折敷嶺迎接之謹曰破六汗拔陵兵衆不少聞也列河等歸附必來邀擊彼若先據險要則難與爭鋒今以也列河等餌之當競來抄掠然後設伏而待必指掌破之廣陽然其計拔陵果來邀擊破也列河於嶺上部衆皆沒謹伏兵發賊遂大敗悉收得也列河之衆○張預曰形之旣從予之又取是能以利動之而來也則以勁卒待之李靖以卒爲本以本待之者謂正兵節制之師

故善戰者求之於勢不責於人

杜佑曰言勝負之道自圖於中不求之下責怒師衆強使力進也若秦穆悔過不替孟明也

故能擇人而任勢

一作故能擇人而任之諸家作任勢者多矣○曹操曰求之於勢者專任權也不責於人者權變明也○李筌曰得勢而戰人怯者能勇故能擇其所能任之夫勇者可戰謹慎者可守智者可說無棄物也○杜牧曰言善戰者先料兵勢然後量人之材隨短長以任之不責成於不材者也曹公征張

曾於漢中張遼李典樂進將一千餘人守合淝教
與護軍薛悌署函邊曰賊至乃發俄而吳孫權十
萬人衆圍合淝乃共發教曰若孫權至者張李將
軍出戰樂將軍守護軍勿得與戰諸將皆疑遼曰
公征在外比救至彼破我必矣是以教及其未合
逆擊之折其威勢以安衆心然後可守成敗之機
在此一舉典與遼同出果大破孫權吳人奪氣還
脩守備衆心乃安權攻城十日不拔乃退孫盛論
曰夫兵詭道也至於合淝之守縣弱無援專任勇
者則好戰生患專任怯者則懼心難保且彼衆我

寡衆者必懷貪憤我以致命之師擊貪憤之卒其
勢必勝勝而後守則必固矣是以魏武雜選武力
參以異同爲之密教節宣其用事至而應若合符
契也○賈林曰讀爲擇人而任勢言示以必勝之
勢使人從之豈更外責於人求其勝敗擇勇怯之
人任進退之勢○陳皡曰善戰者專求於勢見利
速進不爲敵先專任機權不責成於人苟不獲已
而用人即須擇而任之○杜佑曰權變之明能簡
置於人任已之形勢也○梅堯臣曰用人以勢則
易責人以力則難能者當在擇人而任勢○何氏

曰得勢自勝不專責人以力也○王晳曰謂將能擇人任勢以戰則自然勝矣人者謂偏裨與○張預曰任人之法使貪使愚使智使勇各任自然之勢不責人之所不能故隨材大小擇而任之尉繚子曰因其所長而用之言三軍之中有長於步者有長於騎者因能而用則人盡其材又晉侯類能而使之是也

任勢者其戰人也如轉木石木石之性安則靜危則動方則止圓則行

曹操曰任自然勢也○李筌曰任勢御衆當如此

也○杜佑曰言投之安地則安投之危地則危不知有所回避也任勢自然也方圓之形猶兵勝負之形○梅堯臣曰木石重物也易以勢動難以力移三軍至衆也可以勢戰不可以力使自然之道也何氏同梅堯臣註○張預曰木石之性置之安地則靜置之危地則動方正則止圓斜則行自然之勢也三軍之衆甚陷則不懼無所往則固不得已則鬭亦自然之道

故善戰人之勢如轉圓石於千仞之山者勢也

李筌曰蒯通以爲坂上走丸言其易也○杜牧曰

轉石於千仞之山不可止遏者在山不在石也戰人有百勝之勇强弱一貫者在勢不在人也杜公元凱曰昔樂毅藉濟西一戰能并强齊今兵威已成如破竹數節之後迎刃自解無復著手此勢也勢不可失乃東下建鄴終滅吴此篇大抵言兵貴任勢以險迅疾速爲本故能用力少而得功多也○梅堯臣曰圓石在山屹然其勢一人推之千人莫制也○王晳曰石不能自轉因山之勢而不可遏也戰不能妄勝因兵之勢而不可支也○張預曰石轉於山而不可止遏者由勢使之也兵在於

險而不可制禦者亦勢使之也李靖曰兵有三勢將輕敵士樂戰志厲青雲氣等飄風謂之氣勢關山狹路羊腸狗門一夫守之千人不過謂之地勢因敵怠慢勞役饑渴前營未舍後軍半濟謂之因勢故用兵任勢如峻坂走丸用力至微而成功甚博也

孫子集註卷之五

孫子集註卷之六

虛實篇曹操曰能虛實彼已也○李筌曰善用兵者以虛爲實善破敵者以實爲虛故次其篇○杜牧曰夫兵者避實擊虛先須識彼我之虛實也○王晳曰凡自守以實攻敵以虛也○張預曰形篇言攻守勢篇說奇正善用兵者先知攻守兩齊之法然後知奇正先知奇正相變之術然後知虛實蓋奇正自攻守而用虛實由奇正而見故次勢

孫子曰凡先處戰地而待敵者佚

曹操李筌並曰力有餘也○賈林曰先處形勝之地以待敵者則有備豫士馬閑逸○杜佑同賈林註○王晳同曹操註○張預曰形勢之地我先據

之以待敵人之來則士馬閑逸而力有餘

後處戰地而趨戰者勞

李筌曰力不足也太一遁甲云彼來攻我則我爲主彼爲客主易客難也是以太一遁甲言其定計之義故知勞佚事不同先後勢異○杜牧曰後周遣將帥突厥之衆逼齊齊將段韶禦之時大雪之後周人以步卒爲前鋒從西而下去城二里諸將欲逆擊之韶曰步人氣力勢自有限今積雪旣厚逆戰非便不如陳以待之彼勞我佚破之必矣旣而交戰大破之前鋒盡殪自餘遁矣○賈林曰敵

處便利我則不往引兵别據示不敵其軍敵謂我
無謀必來攻襲如此則反令敵倦而我不勞○孟
氏曰若敵已處便勢之地已方赴利士馬勞倦則
不利矣○梅堯臣曰先至待敵則力完後至趨戰
則力屈○何氏曰戰國秦師伐韓圍閼與趙遣將
趙奢救之軍士許歷曰秦人不意趙師至此其來
氣盛將軍必厚集其陳以待之不然必敗又曰先
據北山者勝後至者敗趙奢卽發萬人趨之秦兵
後至爭山不得上趙奢縱兵擊之大破秦軍遂解
閼與之圍後漢初諸將征隗囂爲囂所敗光武令

悉軍栒邑未及至隗囂乘勝使其將王元行巡將二萬餘人下隴因分遣巡取栒邑漢將馮異即馳馬欲先據之諸將皆曰虜兵盛而新乘勝不可與爭宜止軍此地徐思方略異曰虜兵方盛臨境狃忕小利遂欲深入若得栒邑三輔動搖是吾憂也夫攻者不足守者有餘今先據城以佚待勞非所以爭鋒也遂潛往閉城偃旗鼓行巡不知馳赴之異乘其不意卒擊鼓建旗而出巡軍驚亂奔走追而大破之東魏將齊神武伐西魏軍過蒲津涉洛至許原西魏將周文帝軍至沙苑齊神武聞周文

至引軍來會詰朝候騎告齊神武軍且至周文步將李弼曰彼衆我寡不可平地置陳此東十里有渭曲可先據以待之遂軍至渭曲背水東西爲陳合戰大破之○張預曰便利之地彼已據之我方趨彼以戰則士馬勞倦而力不足或謂所戰之地我宜先到立陳以待彼則已佚矣彼先結陳我後至則我勞矣若宋人已成列楚師未旣濟之類

故善戰者致人而不致於人

李筌曰故能致人之勞不致人之佚也○杜牧曰致令敵來就我我當蓄力待之不就敵人恐我勞

也後漢張步將費邑分遣其弟敢守巨里耿弇進兵先脅巨里使多伐樹木揚言以填坑塹數日有降者言邑聞弇欲攻巨里謀來救之弇乃嚴令軍中趨修攻具宣勅諸部後三日當悉力攻巨里城陰緩生口令得亡歸歸者以弇期告邑至日果自將精兵三萬餘人來救之弇喜謂諸將曰吾修攻具者欲誘致邑耳今來適其所求也即分三千人守巨里自引精兵上岡阪乘高大破之遂臨陳斬費邑杜佑曰言兩軍相遠彊弱俱敵彼可使歷險而來我不可歷險而往必能引致敵人已不往從

也○梅堯臣曰能令敵來則敵勞我不往就則我佚○王晳曰致人者以佚乘其勞致於人者以勞乘其佚○何氏曰令敵自來○張預曰致敵來戰則彼勢常虛不往赴戰則我勢常實此乃虛實彼我之術也耿弇先逼巨里以誘致費邑近之

能使敵人自至者利之也

曹操曰誘之以利也○李筌曰以利誘之敵則自遠而至也趙將李牧誘匈奴則其義也○杜牧曰李牧大縱畜牧人衆滿野匈奴小入佯北不勝以數千人委之單于大喜率衆來入牧大破之殺匈

奴十萬騎單于奔走歲餘不敢犯邊也○梅堯臣曰何能自來示之以利○何氏曰以利誘之而來我佚敵勞○張預曰所以能致敵之來者誘之以利耳李牧佯北以致匈奴楊素毀車以誘突厥是也

能使敵人不得至者害之也

曹操曰出其所必趨攻其所必救○李筌曰害其所急彼必釋我而自固也魏人寇趙邯鄲乞師於齊齊將田忌欲救趙孫臏曰夫解紛者不控捲救鬬者不搏撠批亢擣虛形格勢禁則自解爾今二

國相持輕鋭竭於外疲老殆於内我襲其虚彼必解圍而奔命所謂一舉存趙而弊魏也後魏果釋趙而奔大梁遭齊人於馬陵魏師敗績○杜牧曰曹公攻河北師次頓丘黒山賊于毒等攻武陽曹公乃引兵西入山攻毒本屯毒聞之棄武陽還曹公要擊於内大破之也○陳皥曰子胥疲楚師孫臏走魏將之類也○杜佑曰致其所必走攻其所必救能守其險害之要路敵不得自至故王子曰一猫當穴萬鼠不敢出一虎當溪萬鹿不敢過○梅堯臣曰敵不得來當制之以害○王晳曰以害

形之敵患之而不至○張預曰所以能令敵人必不得至者害其所顧愛耳孫臏直走大梁而解邯鄲之圍是也

故敵佚能勞之

曹操曰以事煩之○李筌曰攻其不意使敵疲於奔命○杜牧曰高熲言平陳之策於隋祖曰江北寒田收差晚江南土熱水田早熟量彼收穫之際徵兵上馬聲言掩襲彼必屯兵禦守足得廢其農時彼既聚兵我便解甲於是陳人始病○梅堯臣曰撓之使不得休息○王晳曰巧致之也○何氏

曰春秋時吳王闔閭問於伍員曰伐楚何如對曰楚執政衆莫適任患若爲三師以肄焉一師至彼必皆出彼出則歸彼歸則出彼必道斃亟肄以疲之多方以誤之既罷而後以三軍繼之必大克之闔閭從之楚於是乎始病吳遂入郢○張預曰爲多方以誤之之術使其不得休息或曰彼若先處戰地以待我則是彼佚也我不可趨而與之戰我既不往彼必自來卽是變佚爲勞也

飽能饑之

曹操曰絶糧道以饑之○李筌曰焚其積聚芟其

禾苗絕其糧道○杜牧曰我爲主敵爲客則可以絕糧道而饑之如我爲客敵爲主則如之何答曰饑敵之術非止絕糧道但能饑之則是隋高熲平陳之策曰江南土薄舍多茅竹有畜積皆非地窖密遣人因風縱火待敵修立更復燒之不出數年自可財力俱盡遂行其策由是陳人益困三國時諸葛誕文欽據壽春及招吳請援司馬景王討之謂諸將曰彼當突圍決一朝之命或謂大軍不能久省食減口冀有他變料賊之情不出此二者當多方以亂之因命合圍遣羸疾寄穀淮北廪軍士

豆人三升誕欽聞之果喜景王愈羸形以示之誕等益寬恣食俄而城中糧盡攻而拔之隋末宇文化及率兵攻李密於黎陽密知化及糧少因僞和之以弊其衆化及大喜恣其兵食冀密饋之其後食盡其將王智略張童仁等率所部兵歸於密前後相繼化及以此遂敗○陳皥曰饑敵之術在臨事應機○梅堯臣曰要其糧使不得饋○王晳曰謂敵人足食我能使之饑乏耳曹公曰絶其糧道晳謂火積亦是也何氏曰如吳楚反周亞夫曰楚兵剽輕難與爭鋒願以梁委之絶其食道乃可制

也亞夫會兵滎陽吳攻梁梁急請救亞夫引兵東北走昌邑深壁而守使輕騎弓高侯等絶吳楚兵後食道兵乏糧饑欲退數挑戰終不出乃引兵去精兵追擊大破之王莽末天下亂光武兄伯升起兵討莽爲莽將甄阜梁丘賜所敗復收會兵衆還保於棘陽阜賜乘勝留輜重於藍鄉引精兵十餘萬人南渡橫臨沘水阻兩山間爲營絶後橋示無還心伯升於是大饗軍士設盟約休卒三日爲六部潛師夜起襲取藍鄉盡獲其輜重明晨自南攻甄阜下江兵自東南攻梁丘賜之食陳潰遂斬阜

賜唐輔公祏遣其僞將馮惠亮陳當世領水軍屯
于博望山陳正通徐紹宗率步騎軍
于青州山河間王孝恭至堅壁不與鬭使奇兵斷
其糧道賊漸餒夜薄我營孝恭安卧不動明日縱
羸兵以攻賊壘使盧祖尚率精騎列陳以待之俄
而攻壘者敗走出追奔數里遇祖尚軍與戰大敗
之正通棄營而走○張預曰我先舉兵則我爲客
彼爲主爲客則食不足爲主則飽有餘若奪其畜
積掠其田野因糧於彼館穀於敵則我反飽彼反
饑矣則是變客爲主也不必焚其積聚廢其農時

然後能饑敵矣或彼爲客則絕其糧道廣武君欲請奇兵以遮絕韓信軍後是也

安能動之

曹操曰攻其所必愛出其所必趨則使敵不得不相救也○李筌曰出其所必趨擊其所不意攻其所不愛使不得不救也○杜牧曰司馬宣王攻公孫文懿於遼東阻遼水以拒魏軍宣王曰賊堅營高壘以老我師攻之正入其計古人云敵雖高壘不得不與我戰者攻其所必救我今直指襄平則人懷內懼懼而求戰破之必矣遂整陳而過賊見

兵出其後果來邀之乃縱擊大破之竟平遼東○陳皥曰左傳楚伐宋宋告急於晉晉先軫曰我執曹君而分曹衛之田以賜宋人楚愛曹衛必不許也喜賂怒頑能無戰乎遂破楚師○孟氏註同曹操○梅堯臣曰趨其所顧所不得止○王晳同李筌註○何氏曰攻其所愛豈能安視而不動哉○張預曰彼方安守以爲自固之術不欲速戰則當攻其所必救使不得已而須出戰若秦伯挑其裨將遂皆出戰是也

出其所不趨趨其所不意

曹操曰使敵不得相往而救之也○何氏曰今敵
人須應我
行千里而不勞者行於無人之地也
曹操曰出空擊虛避其所守擊其不意
李筌曰出敵無備從孤擊虛何人之有
杜牧曰梁元帝時西蜀稱帝率兵東下將攻元帝
西魏大將周文帝曰平蜀制梁在玆一舉諸將多
有異同文帝謂將軍尉遲迥曰伐蜀之事一以委
公然計將安出迥曰蜀與中國隔絶百餘年矣恃
其山川險阻不虞我師之至宜以精甲鋭騎星夜

奔襲之平路則倍道兼行險途則緩兵漸進出其不意衝其腹心必向風不守竟以平蜀言不勞者空虛之地無敵人之虞行止在我故不勞也○陳皞曰夫言空虛者非止爲敵人不備也但備之不嚴守之不固將弱兵亂糧少勢孤我整軍臨之彼必望風自潰是我不勞苦如行無人之地○梅堯臣曰出所不意○何氏曰曹公北征烏桓謀臣郭嘉曰兵遺神速今千里襲人輜重多難以趨利且彼聞之得以爲備不如留輜重輕兵兼道以出掩其不意公乃密出盧龍塞直指單于庭虜卒聞公

至惶怖合戰大破之斬蹋頓及名王巳下又唐吐谷渾寇邊以李靖爲西海道行軍大總管輕途二千里行空虛之地平吐谷渾而還故太宗曰且李靖三千輕騎深入虜庭克復定襄古今未有也○張預曰掩其空虛攻其無備雖千里之征人不疲勞若鄧艾伐蜀由陰平之徑行無人之地七百餘里是也

攻而必取者攻其所不守也

李筌曰無虞易取○杜牧曰警其東擊其西誘其前襲其後後漢張步都劇使弟藍守西安又令別

將守臨淄去臨淄四十里耿弇引軍營其閒弇視西安城小而堅藍兵又精臨淄名雖大其實易攻弇令軍吏治攻具後五日攻西安縱生口令歸藍聞之晨夜守城至期夜半弇勒諸將蓐食及明至臨淄城下護軍荀梁等爭之以爲宜速攻西安弇曰西安聞吾欲攻日夜爲備臨淄出其不意至必驚擾吾攻之一日必拔拔臨淄即西安勢孤所謂擊一得兩盡如其策後漢末朱儁擊黃巾賊帥韓忠於宛儁作長圍起土山以臨其城內因鳴鼓攻其西南賊悉衆赴之儁自將精兵五千掩其東北

乘城而入忠乃退保小城惶懼乞降○陳皥曰國家征上黨王宰知劉稹恃天井之險不爲固守之計宰悉力攻奪而後守稹失其險終陷其巢穴也○梅堯臣曰言擊其南實攻其北○王晳曰攻其虛也謂將不能兵不精壘不堅備不嚴救不及食不足心不一爾○張預曰善攻者動於九天之上使敵人莫之能備莫之能備則吾之所攻者乃敵之所不守也耿弇之克臨淄朱儁之討黃巾但其一端耳

守而必固者守其所不攻也

杜牧曰不攻尚守何況其所攻乎漢太尉周亞夫擊七國於昌邑也賊奔壁東南陬亞夫使備其西北俄而賊精卒攻西北不得入因遁走追破之○陳皞曰無慮敵不攻慮我不守無所不攻無所不守乃用兵之計備也○梅堯臣曰賊擊我西亦備乎東○王晳曰守以實也謂將能兵精壘堅備嚴救及食足心一爾○張預曰善守者藏於九地之下使敵人莫之能測莫之能測則吾之所守者乃敵之所不攻也周亞夫擊東南而備西北亦是其一端也

故善攻者敵不知其所守善守者敵不知其所攻

曹操曰情不泄也○李筌曰善攻者器械多也東魏高歡攻鄴是也善守謹備也周韋孝寬守晉州是也○杜牧曰攻取備禦之情不泄也○賈林曰教令行人心附備守堅固微隱無形敵人猶豫智無所措也梅堯臣曰善攻者機密不泄善守者周備不隙○王晳曰善攻者待敵有可勝之隙速而攻之則使其不能守也善守者常為不可勝則使其不能攻也云不知者攻守之計不知所出耳○何氏曰言攻守之謀令不可測○張預曰夫守則

不足攻則有餘所謂不足者非力弱也蓋示敵以不足則敵必來攻此是敵不知其所攻也所謂有餘者非力彊也蓋示敵以有餘則敵必自守此是敵不知其所守也情不外泄積乎攻守者也

微乎微乎至於無形神乎神乎至於無聲故能爲敵之司命

李筌曰言二遁用兵之奇正攻守微妙不可形於言說也微妙神乎敵之死生懸形於我故曰司命○杜牧曰微者靜也神者動也靜者守動者攻敵之死生悉懸於我故如天之司命○杜佑曰言其

微妙所不可見也言變化之形倏忽若神故能料敵死生若天之司命也○梅堯臣曰無形則微密不可得而窺無聲則神速不可得而知○王晳曰微密則難窺神速則難應故能制敵之命○何氏曰武論虛實之法至於神微而後見成功之極也吾之實使敵視之爲虛吾之虛使敵視之爲實敵之實吾能使之爲虛敵之虛吾能知其非實蓋敵不識吾虛實而吾能審敵之虛實也吾欲攻敵也知彼所守者爲實而所不守者爲虛吾將避其堅而攻其脆批其亢而擣其虛敵欲攻我也知彼所

攻者爲不急而所不攻者爲要吾將示敵之虛而
鬭吾之實彼示形在東而吾設備於西是故吾之
攻也彼不知其所當守吾之守也敵不料其所當
攻攻守之變出於虛實之法或藏九地之下以喻
吾之守或動九天之上以比吾之攻滅跡而不可
見韜聲而不可聞若從地出天下倏出間入星耀
鬼行入乎無間之域旋乎九泉之淵微之微者神
之神者至於天下之明目不能窺其形之微天下
之聰耳不能聽其聲之神有形者至於無形有聲
者至於無聲非無形也敵人不能窺也非無聲也

敵人不能聽也虛實之變極也善守兵者通於虛實之變遂可以入於神微之奧不善者案然尋微窮神而泥其用兵之跡不能泯其形聲而至於聞見者是不知神微之妙固在虛實之變也三軍之衆百萬之師安得無形與聲哉但敵人不能窺聽耳○張預曰攻守之術微妙神密至於無形之可覩無聲之可聞故敵人死生之命皆主於我也

進而不可禦者衝其虛也退而不可追者速而不可及也

曹操曰卒往進攻其虛懈退又疾也○李筌曰進

者襲空虛懈怠退者必輜重在先行遠而大軍始
退是以不可追後趙王石勒兵在葛陂苦雨欲班
師于鄴懼晉人躡其後用張賓計令輜重先行遠
而不可及也此筌以速字爲遠者也○杜牧曰既
攻其虛敵必敗敗喪之後安能追我我故得以疾
退也○陳皞曰杜說非也曹公之圍張繡也城未
拔力未屈而去之繡兵出襲其後賈詡止之繡不
聽果被曹公所敗繡謂詡曰公既能知其敗必能
知其勝詡曰復以敗卒襲之繡從之曹公果敗豈
是敗喪之後不能追之哉蓋言乘虛而進敵不知

所禦逐利而退敵不知所追也○杜佑曰衝突其虛空也○梅堯臣曰進乘其虛則莫我禦退因其弊則莫我追○何氏曰兵進則衝虛兵退則利速我能制敵而敵不能制我也○張預曰對壘相持之際見彼之虛隙則急進而擣之敵豈能禦我也獲利而退則速還壁以自守敵豈能追我也兵之情主速風來電往敵不能制

故我欲戰敵雖高壘深溝不得不與我戰者攻其所必救也

曹操李筌曰絕其糧道守其歸路攻其君主也○

杜牧曰我爲主敵爲客則絶其糧食守其歸路若我爲客敵爲主則攻其君主司馬宣王攻遼東直指襄平是也○梅堯臣曰攻其要害○王晳曰曹公曰絶糧道守歸路攻君主也晳謂敵若堅守但能攻其所必救則與我戰矣若耿弇欲攻巨里以致費邑亦是也○何氏曰如魏將司馬宣王征公孫文懿汎舟潛濟遼水作長圍忽棄賊而向襄平諸將言不攻賊而作長圍非所以示衆也宣王曰賊堅營高壘欲以老吾兵也古人言曰敵雖高壘不得不與我戰者攻其所必救也賊大衆在此則

窟穴虛矣我直指襄平必人懷內懼懼而求戰破之必矣遂整陳而過賊見兵出其後果邀之宣王謂諸將曰所以不攻其營正欲致此不可失也乃縱兵逆擊大破之三戰皆捷唐馬燧討田悅時軍糧少悅深壁不戰燧令諸軍持十日糧進次倉口與悅夾洹水而軍李抱真李芃問曰糧少而深入何也燧曰糧少利速戰兵法善於致人不致於人今田悅與淄青兖三軍爲首尾計欲不戰以老我師若分兵擊其左右兵少未可必破悅且來救是前後受敵也兵法所謂攻其必救彼固當戰也燧

爲諸軍合而破之燧乃造三橋道逾洹水日挑戰悦不敢出恒州兵以軍少懼爲燧所并引軍合於悦悦與燧明日復挑戰乃伏兵萬人欲邀燧燧乃引諸軍半夜皆食先雞鳴時擊鼓吹角潛師傍洹水徑赴魏州令曰聞賊至則止爲陳又令百騎吹鼓角皆留於後仍抱薪持火待軍畢發止鼓角匿其旁伺悦軍畢渡焚其橋軍行十數里乃率淄青兗州步騎四萬餘人踰橋掩其後乘風縱火鼓譟而進燧乃坐甲令無動命前除草斬荆棘廣百步以爲陳募勇力得五千餘人分爲前列以俟賊至

比悅軍至則火止氣乏力少衰乃縱兵擊之悅軍大敗悅走橋橋已焚矣悅軍亂赴水斬首二萬淄青軍殆盡○張預曰我爲客彼爲主我兵糧遠而食少彼勢弱而糧多則利在必戰敵人雖有金城湯池之固不得守其險而必來與我戰者在攻其所顧愛使之相救援也若楚人圍宋晉將救之狐偃曰楚始得曹而新婚於衛若伐曹衛楚必救之則宋免矣從之而解又晉宣帝討公孫文懿忽棄賊而走襄平討其巢穴賊果出邀之遂逆擊三戰皆捷亦其義也

我不欲戰畫地而守之

曹操曰軍不欲煩也〇李筌曰拒境自守也若入敵境則用天一遁甲真人閉六戊之法以刀畫地爲營也〇孟氏曰以物畫地而守喻其易也蓋我能戾敵人之心不敢至也

敵不得與我戰者乖其所之也

曹操曰乖戾也戾其道示以利害使敵疑也〇李筌曰乖異也設奇異而疑之是以敵不可得與我戰漢上谷太守李廣縱馬卸安疑也〇杜牧曰言敵來攻我我不與戰設權變以疑之使敵人疑惑

不決與初來之心乎矣不敢與我戰也曹公爭漢中地蜀先主拒之時將趙雲守別屯將數十騎輕出卒遇大軍雲且鬬且却公軍追至圍雲入營史大開門偃旗息鼓曹公軍疑有伏引去諸葛武侯屯於陽平使魏延諸將幷兵東下武侯惟留萬人守城候白司馬宣王曰亮在城中兵少力弱將士失色亮時意氣自若勑軍中悉卧旗息鼓不得輙出開四門掃地却灑宣王疑有伏於是引去趨北山亮謂參佐曰司馬懿謂吾有設伏循山走矣宣王後知頗以爲恨曹公與呂布相持公軍出收麥

布領衆卒至公營止有千人出陳半隱於堤下呂布遲疑不敢進曰曹操多詐勿入伏中遂引兵去陳皥曰左傳楚令尹子元伐鄭入自純門至于逵市懸門不發子元曰鄭有人焉乃還○賈林曰置疑兵於敵惡之所屯營於形勝之地雖未修壘塹敵人不敢來攻於我也○梅堯臣曰畫地喻易也乖其道而示以利使其疑而不敢進也○王晳曰畫地言易且明制之必有道也○張預曰我爲主彼爲客我糧多而卒寡彼食少而兵衆則利在不戰雖不爲營壘之固敵必不敢來與我戰者示以

疑形乖其所往也若楚人伐鄭鄭懸門不發效楚言而出楚師不敢進而遁又司馬懿欲攻諸葛亮亮偃旗卧鼓開門却灑懿疑有伏兵遂引而去亦其義也

故形人而我無形則我專而敵分

杜佑曰我專一而敵分散○梅堯臣曰他人有形我形不見故敵分兵以備我○張預曰吾之正使敵視以爲奇吾之奇使敵視以爲正形人者也以奇爲正以正爲奇變化紛紜使敵莫測無形者也敵形既見我乃合衆以臨之我形不彰彼必分勢

以防備
我專爲一敵分爲十是以十攻其一也
杜佑曰我料見敵形審其虛實故所備者少專爲一屯以我之專擊彼之散卒爲十共擊一也○梅堯臣曰離一爲十我常以十分擊一分
則我衆而敵寡
杜佑曰我專爲一故衆敵分爲十故寡○張預曰見敵虛實不勞多備故專爲一屯彼則不然不見我形故分爲十處是以我之十分擊敵之一分也
故我不得不衆敵不得不寡

能以衆擊寡者則吾之所與戰者約矣

杜牧曰約猶少也我深壍高壘滅跡韜聲出入無形攻取莫測或以輕兵健馬衝其空虛或以彊弩長弓奪其要害觸左履右突後驚前晝日誤之以旌旗暮夜惑之以火鼓故敵人畏懼分兵防虞譬如登山瞰城垂簾視外敵人分張之勢我則盡知我之攻守之方敵則不測故我能專一敵則分離專一者力全分離者力寡以全擊寡故能必勝也○杜佑曰言約少而易勝○梅堯臣曰以專擊分則我所敵少也○王晳曰多爲之形使敵備已其

實攻者則無形也故我專敵分矣專則衆分則寡
十攻一者大約言耳○何氏同杜牧註○張預曰
夫勢聚則彊兵散則弱以衆彊之勢擊寡弱之兵
則衆力少而成功多矣
吾所與戰之地不可知
杜佑曰言舉動微密情不可見使彼知所出而不
知吾所舉知所舉而不知吾所集張預曰無形勢
故也
不可知則敵所備者多
梅堯臣曰敵不知則處處爲備

敵所備者多則吾所與戰者寡矣

曹操曰形藏敵疑則分離其衆備我也言少而易擊也○王晳曰與敵必戰之地不可使敵知之知則并力得拒於我曹公曰形藏則敵疑○張預曰不能測吾車果何出騎果何來徒果何從故分離其衆所在輙爲備遂致衆散而弱勢分而衰是以吾所與接戰之處以大衆臨孤軍也

故備前則後寡備後則前寡備左則右寡備右則左寡無所不備則無所不寡

杜佑曰言敵之所備者多則士卒無不分散而少

○梅堯臣曰所備皆寡也
寡者備人者也衆者使人備己者也
曹操曰上所謂形藏敵疑則分離其衆以備我也
○李筌曰陳兵之地不可令敵人知之彼疑則謂
衆離而備我也○杜牧曰所戰之地不可令敵人
知之我形不泄則左右前後遠近險易敵人不知
亦不知我何處來攻何地會戰故分兵徼衛處處
防備形藏者衆分多者寡故衆者必勝也寡者必
敗也○孟氏曰備人則我散備我則彼分○杜佑
曰敵分散而少者皆先備人也敵所以備己多者

由我專而衆故也○梅堯臣曰使敵愈備則愈寡也○王晳曰左右前後俱備則俱寡○何氏同諸註○張預曰左右前後無處不爲備則無處不兵寡也所以寡者爲兵分而廣備於人也所以衆者爲勢專而使人備已也

故知戰之地知戰之日則可千里而會戰

曹操曰以度量知空虛會戰之日○李筌曰知戰之地則舟車步騎之所便也魏武以北上未安捨鞍馬仗舟楫與吳越爭强是以有黃蓋之敗吳王濞驅吳楚之衆奔馳於梁鄭之間此不知戰地日

者故太一遁甲曰計法三門五將主客成敗則可知也於是千里會戰而勝○杜牧曰宋武帝使朱齡石伐譙縱於蜀宋武曰往年劉敬宣出內水向黃武無功而退賊謂我今應從外水來而料我當出其不意猶從內水來也如此必以重兵守涪城以備內道若向黃武正墮其計今以大衆自外取成都疑兵向內水此則制敵之奇也而慮此聲先馳賊知虛實別有函書全封付齡石函邊書曰至白帝乃開諸軍未知處分所由至白帝發書曰衆軍悉從外水取成都臧熹朱林於中水取廣漢使

羸弱乘高艦十餘由内水向黄武譙縱果以重兵備内水齡石滅之○陳皥曰杜註止言知戰之地未叙知戰之日我若伐敵至期不得與我戰敵來侵我我必預備以應之項羽謂曹咎曰我十五日必定梁地復與將軍會苟不知必戰之日安能爲約○孟氏曰以度量知空虚先知戰地之形又審必戰之日則可千里期會先往以待之若敵已先至可不往以勞之○杜佑曰夫善戰者必知戰之日知戰之地度道設期分軍雜卒遠者先進近者後發千里之會同時而合若會都市其會地之日

無令敵知知之則所備處少不知則所備處多備寡則專備多則分分則力散專則力全○梅堯臣曰若能度必戰之地必戰之日雖千里之遠可剋期而與戰○王晳曰必先知地利敵情然後以兵法之度量計其遠近知其空虛審敵趨應之所及戰期也如是則雖千里可會戰而破敵矣故曹公曰以度量知空虛會戰之日者是也○張預曰凡舉兵伐敵所戰之地必先知之師至之日能使敵人如期而來以與我戰知戰地日則所備者專所守者固雖千里之遠可以赴戰若蹇叔知晉人禦

師必於殽是知戰地也陳湯料烏孫圍兵五日必
解是知戰日也又若孫臏龎涓於馬陵度日暮必
至是也
不知戰地不知戰日則左不能救右右不能救左前
不能救後後不能救前而況遠者數十里近者數里
乎
杜牧曰管子曰計未定而出兵則戰而自毀也○
杜佑曰敵已先據形勢之地已方趣利欲戰則左
右前後疑惑進退不能相救況十數里之間也○
梅堯臣曰不能救者寡也左右前後尚不能救況

遠乎○張預曰不知敵人何地會兵何日接戰則所備者不專所守者不固忽遇勍敵則倉遽而與之戰左右前後猶不能相援又況首尾相去之遼乎

以吾度之越人之兵雖多亦奚益於勝敗哉

曹操曰越人相聚紛然無知也或曰吳越讎國也○李筌曰越過也不知戰地及戰日兵雖過人安能知其勝敗乎○陳皥曰孫子爲吳王闔閭論兵吳與越讎故言越謂過人之兵非義也○賈林曰不知戰地不知戰日士人雖多不能制勝敗之政

亦何益也○梅堯臣曰吳越敵國也言越人雖多亦當爲我分之而寡也○王晳曰此武相時料敵也言越兵雖多苟不善相救亦無益於勝敗之數○張預曰吾字作吳字之誤也吳越隣國數相侵伐故下文云吳人與越人相惡也言越國之兵雖曰衆多但不知戰地戰日當分其勢而弱也

故曰勝可爲也

杜牧曰爲勝在我故言可爲之○孟氏曰若使敵不知戰地期日我之必勝可常有也○梅堯臣同杜牧註○王晳何氏同孟氏註○張預曰爲勝在

我故也形篇云勝可知而不可爲今言勝可爲者何也蓋形篇論攻守之勢言敵若有備則不可必爲也今則主以越兵而言度越人必不能知所戰之地日故云可爲也

敵雖衆可使無闘

杜牧曰以下四事度量之敵兵雖衆使其不能與我闘勝也○孟氏曰敵雖多兵我能多設變詐分其形勢使不能併力也○賈林曰敵雖衆多不知巳之兵情常使急自備不暇謀闘○梅堯臣曰苟能寡何有闘○王晳曰多益不救奚所恃而闘○

張預曰分散其勢不得齊力同進則焉能與我爭

故策之而知得失之計

李筌曰用兵者取勝之兵法可制太一遁甲五將之計以定關格掩迫之數得失可知也○孟氏曰策度敵情觀其施爲則計數可知○賈林曰樽俎帷幄之間以策籌之我得彼失之計皆先知也○杜佑曰策度敵情觀其所施計數可知○梅堯臣曰彼得失之計我以筭策而知○王晳曰策其敵情以見得失之數○張預曰籌策敵情知其計之得失若薛公料黥布之三計是也

作之而知動靜之理

李筌曰候望雲氣風鳥人情則動靜可知也王莽時王尋征昆陽有雲氣如壞山當營而墜去地數丈而光武知其必敗梁王僧辯營上有如堤之氣候景知其必勝風鳥貪豺之類也此筌以作字爲候字者也杜牧曰作激作也言激作敵人使其應我然後觀其動靜理亂之形也魏武侯曰兩軍相當不知其將如何吳起曰令賤勇者將銳而擊交合而北北而勿罰觀敵進退一坐一起其政以理奔北不追見利不取此將有謀若其衆追北旗

旛雜亂行止縱橫貪利務得若此之類將令不行擊而勿疑○陳皥曰作爲也爲之利害使敵赴之則知進退之理也○賈林曰善覘候者必知其動靜之理○杜佑曰喜怒動作察其舉止則情理可得故知動靜權變爲其勝負也○梅堯臣曰彼動靜之理因我所發而見○王晳曰候其理當動以否○張預曰發作久之覩其喜怒則動靜之理可得而知也若晉文公拘宛春以怒楚將子玉子玉遂乘晉軍是其躁動也諸葛亮遺巾幗婦人之飾以怒司馬宣王宣王終不出戰此是其安靜也

形之而知死生之地

李筌曰夫破陳設奇或偃旗鼓形之以弱或虛列竈火旛幟形之以彊投之以死致之以生是以死生因地而成也韓信下井陘劉裕過大峴則其義也○杜牧曰死生之地蓋戰地也投之死地必生置之生地必死言我多方誤撓敵人以觀其應我之形然後隨而制之則死生之地可知也○陳皡曰敵人既有動靜則我得見其形有謀者所處之地必生無謀者所投之地必死也○孟氏曰形相敵情觀其所據則地形勢生死可得而知○賈林

曰見所理兵形則可知其死所○梅堯臣曰彼生死之地我因形見而識○何氏同杜牧註○張預曰形之以弱則彼必進形之以彊則彼必退因其進退之際則知彼所據之地死與生也上文云善動敵者形之敵必從之是也死地謂傾覆之地生地謂便利之地

角之而知有餘不足之處

曹操曰角量也○李筌曰角量也量其力精勇則虛實可知也○杜牧曰角量也言以我之有餘角量敵人之有餘以我之不足角量敵人之不足管

子曰善攻者料衆以攻衆料食以攻食不存不攻備不存不攻司馬宣王伐遼東司馬陳珪曰昔攻上庸八部並進晝夜不息故能一旬之半拔堅城斬孟達今者遠來而更安緩愚切惑焉王曰孟達衆少而食支一年吾將四倍於達而糧不淹一月以一月圖一年安可不速以四擊一正命半解猶當爲之是以不計死傷與糧競也今賊衆我寡賊饑我飽雨水乃爾功力不設賊糧垂盡當示無能以安之既而雨止晝夜攻之竟平遼東○梅堯臣曰彼有餘不足之處我以角量而審○王晳曰

角謂相角也角彼我之力則知有餘不足之處然後可以謀攻守之利也此而上亦所以量敵知戰○張預曰有餘彊也不足弱也角量敵形知彼彊弱之所唐太宗曰凡臨陳常以吾彊對敵弱常以吾弱對敵彊苟非角量安得知之

故形兵之極至於無形無形則深間不能窺智者不能謀

李筌曰形敵之妙入於無形間不可窺智不可謀是謂形也○杜牧曰此言用兵之道至於臻極不過於無形無形則雖有間者深來窺我不能知我

之虛實彊弱不泄於外雖有智能之士亦不能謀
我也○梅堯臣曰兵本有形虛實不露是以無形
此極致也雖使間者以情僞智者以謀料可得乎
○王晳曰制兵形於無形是謂極致孰能窺而謀
之哉○何氏曰行列在外機變在内因形制變人
難窺測可謂知微○張預曰始以虛實形敵敵不
能測故其極致卒歸於無形既有形可覩無迹可
求則間者不能窺其隙智者無以運其計

因形而錯勝於衆衆不能知

曹操曰因敵形而立勝○李筌曰錯置也設形險

之勢因士卒之勇而取勝焉軍事尚密非衆人之所知也○杜牧曰窺形可置勝敗非智者不能因非衆人所能得知也○梅堯臣曰衆知我能置勝矣不知因敵之形○何氏曰因敵置勝衆不能知○張預曰因敵變動之形以置勝非衆人所能知

人皆知我所以勝之形而莫知吾所以制勝之形

曹操曰不以一形之勝萬形或曰不備知也制勝者人皆知吾所以勝莫知吾因敵形制勝也○李筌曰戰勝人知之制勝之法幽密人莫知○杜牧曰言已勝之後但知我制敵人使有敗形本自於

我然後我能勝之也上文云近而示之遠遠而示之近利而誘之亂而取之實而備之彊而避之怒而撓之卑而驕之佚而勞之親而離之斯皆制勝之道人莫知之也○陳皞曰人但知我勝敵之善不能知我因敵之敗形○梅堯臣曰知得勝之跡而不知作勝之象○王晳曰若韓信背水拔幟是也人但見水上軍殊死戰不可敗及趙軍驚亂遁走不知吾能制使之然者以何道也○張預曰立勝之迹人皆知之但莫測吾因敵形而制此勝也

故其戰勝不復而應形於無窮

卯

曹操曰不重復動而應之也○李筌曰不復前謀以取勝隨宜制變也○杜牧曰敵每有形我則始能隨而應之以取勝○杜佑曰死官也○賈林曰應敵形而制勝乃無窮○梅堯臣曰不執故態應形有機○王晳曰夫制勝之理惟一而所勝之形無窮也○何氏曰已勝之分不再用也敵來斯應不循前法故不窮○張預曰已勝之後不復更用前謀但隨敵之形而應之出奇無窮也

夫兵形象水

孟氏曰兵之形勢如水流遲速之勢無常也

水之形避高而趨下

梅堯臣曰性也

兵之形避實而擊虛

梅堯臣曰利也○張預曰水趨下則順兵擊虛則

利

水因地而制流

杜牧曰因地之下○梅堯臣曰順高下也張預曰

方圓斜直因地而成形

兵因敵而制勝

李筌曰不因敵之勢吾何以制哉夫輕兵不能持

久守之必敗重兵挑之必出怒兵辱之彊兵緩之將驕宜卑之將貪宜利之將疑宜反間之故因敵而制勝〇杜牧曰因敵之虛也〇賈林曰見敵盛衰之形我得因而立勝〇杜佑曰言水因地之傾側而制其流兵因敵之虧闕而取其勝者也梅堯臣曰隨虛實也〇王晳曰謂隄防疏導之也〇何氏曰因敵彊弱而成功〇張預曰虛實彊弱隨敵而取勝

故兵無常勢

梅堯臣曰應敵爲勢〇張預曰敵有變動故無常

勢
水無常形
梅堯臣曰因地爲形〇孟氏曰兵有變化地有方
圓〇張預曰地有高下故無常形
能因敵變化而取勝者謂之神
曹操曰勢盛必衰形露必敗故能因敵變化取勝
若神〇李筌曰能知此道謂之神兵也〇杜牧曰
兵之勢因敵乃見勢不在我故無常勢如水之形
因地乃有形不在水故無常形水因地之下則可
漂石兵因敵之應則可變化如神者也〇梅堯臣

曰隨而變化微不可測○王晳曰兵有常理而無常勢水有常性而無常形兵有常理者擊虛是也無常勢者因敵以應之也水有常性者就下是也無常形者因地以制之也夫兵勢有變則雖敗卒尚復可使擊勝兵況精鋭乎○何氏曰行權應變在智略智略不可測則神妙者也○張預曰兵勢已定能因敵變動應而勝之其妙如神

故五行無常勝

杜佑曰五行更王○王晳曰迭相克也

四時無常位

杜佑曰四時迭用○王晳曰迭相代也

日有短長月有死生

曹操曰兵無常勢盈縮隨敵○李筌曰五行者休四王相遞相勝也四時者寒暑往來無常定也日月者周天三百六十五度四分度之一百刻者春秋二分則日夜均夏至之日晝六十刻夜四十刻冬至之日晝四十刻夜六十刻長短不均也月初爲朔八日爲上弦十五日爲望二十四日爲下弦三十日爲晦則死生義也孫子以爲五行四時日月盈縮無常況於兵之形變安常定也○梅堯臣

曰皆所以象兵之隨敵也○王晳曰皆喻兵之變
化非一道也張預曰言五行之休王四時之代謝
日月之盈昃皆如兵勢之無定也

孫子集註卷之六

孫子集註卷之七

軍爭篇 曹操曰兩軍爭勝○李筌曰爭者趨利也虛實定乃可與人爭利○王晳曰爭者爭利得利則勝宜先審輕重計迂直不可使敵乘我勞也○張預曰以軍爭爲名者謂兩軍相對而爭利也先知彼我之虛實然後能與人爭勝故次虛實

孫子曰凡用兵之法將受命於君

李筌曰受君命也遵廟勝之筭恭行天罰○張預曰受君命伐叛逆

合軍聚衆

曹操曰聚國人結行伍選部曲起營爲軍陳○梅堯臣曰聚國之衆合以爲軍○王晳曰大國三軍

總三萬七千五百人若悉舉其賦則總七萬五千人此所謂合軍聚衆○張預曰合國人以爲軍聚兵衆以爲陳

交和而舍

曹操曰軍門爲和門左右門爲旗門以車爲營曰轅門以人爲營曰人門兩軍相對爲交和○李筌曰交間和雜也合軍之後彊弱勇怯長短向背間雜而仵之力相兼後合諸營壘與敵爭之○杜牧曰周禮以旌爲左右和門鄭司農曰軍門曰和今謂之壘門立兩旌旗表之以叙和出入明次第也

交者言與敵人對壘而舍和門相交對也○賈林
曰舍止也士衆交雜和合而止於軍中趨利而動
○梅堯臣曰軍門爲和門兩軍交對而舍也○何
氏曰和門相望將合戰爭利兵家難事也○張預
曰軍門爲和門言與敵對壘而舍其門相交對也
或曰與上下交相和睦然後可以出兵爲營舍故
吳子曰不和於國不可以出軍不和於軍不可以
出陳

莫難於軍爭

曹操曰從始受命至於交和軍爭難也○杜牧曰

於爭利害難也○梅堯臣曰自受命至此爲最難○張預曰與人相對而爭利天下之至難也

軍爭之難者以迂爲直以患爲利

曹操曰示以遠速其道里先敵至也○杜牧曰言欲爭奪先以迂遠爲近以患爲利誑紿敵人使其慢易然後急趨也○陳皥曰言合軍聚衆交和而舍皆有舊制惟軍爭最難也苟不知以迂爲直以患爲利者即不能與敵爭也○賈林曰全軍而行爭於便利之地而先據之若不得其地則輸敵之勝最其難也○杜佑曰敵途本迂患在道遠則先

處形勢之地故曰以患爲利○梅堯臣曰能變迂之
爲近轉患爲利難也○王晳曰曹公曰示以遠速
其道里先敵至晳謂示以遠者使其不虞而行或
奇兵從間道出也○何氏曰謂所征之國路由山
險迂曲而遠將欲爭利則當分兵出奇隨逐鄉導
由直路乘其不備急擊之雖有陷險之患得利亦
速也如鍾會伐蜀而鄧艾出奇先至蜀蜀無備而
降故下云不得鄉導不能得地利是也○張預曰
變迂曲爲近直轉患害爲便利此軍爭之難也
故迂其途而誘之以利後人發先人至此知迂直之

計者也

曹操曰迂其途者示之遠也後人發先人至者明於度數先知遠近之計也○李筌曰故迂其途示不速進後人發先人至也用兵若此以患爲利者○杜牧曰上解曰以迂爲直是示敵人以迂遠敵意已怠復誘敵以利使敵心不專然後倍道兼行出其不意故能後發先至而得所爭之要害也秦伐韓軍於閼與趙王令趙奢往救之去邯鄲三十里而令軍中曰有以軍事諫者死秦軍武安西秦軍鼓譟勒兵武安屋瓦皆震軍中候有一人言急

救武安奢立斬之堅壁留二十八日不行復益增壘秦間來奢善食而遣之間以報秦秦將大喜曰夫去國三十里而軍不行乃增壘閼與非趙地也奢既遣秦間乃卷甲而趨二日一夜至令善射者去閼與五十里而軍秦人聞之悉甲而至有一卒曰先據北山者勝奢使萬人據之秦人來爭不得奢因縱擊大破之閼與遂得解○賈林曰敵途本近我能迂之者或以羸兵或以小利於他道誘之使不得以軍爭赴也○梅堯臣曰遠其途誘以利款之也後其發先其至爭之也能知此者變迂轉

害之謀也○何氏曰迂途者當行之途也以分兵出奇則當行之途示以迂變設勢以誘敵令得小利縻之則出奇之兵雖後發亦先至也言爭利須料迂直之勢出奇故下云分合爲變其疾如風是也○張預曰形勢之地爭得則勝凡欲近爭便地先引兵遠去復以小利啗敵使彼不意我進又貪我利故我得以後發而先至此所謂以迂爲直以患爲利也趙奢據北山而敗秦軍郭淮屯北原而走諸葛是也能後發先至者明於度數知以迂爲直之謀者也

故軍爭爲利軍爭爲危

曹操曰善者則以利不善者則以危○李筌曰夫軍者將善則利不善則危○杜牧曰善者計度審也○賈林曰我軍先至得其便利之地則爲利彼敵先據其地我三軍之衆馳往爭之則敵佚我勞危之道也○梅堯臣曰軍爭之事有利也有危也○又一本作軍爭爲利衆爭爲危○何氏曰此又言出軍行師驅三軍之衆與敵人相角逐以爭一日之勝得之則爲利失之則爲危不可輕舉○張預曰智者爭之則爲利庸人爭之則爲危明者知

迂直愚者昧之故也

舉軍而爭利則不及

曹操曰遲不及也○李筌曰輜重行遲○賈林曰行軍用師必趨其利遠近之勢直以舉軍往爭其利難以速至可以潛設奇計迂敵途程敵不識我謀則我先而敵後也○杜佑曰遲不及也舉軍悉行爭赴其利則道路悉不相逮○梅堯臣曰舉軍中所有而行則遲緩○王晳曰以輜重故○張預曰竭軍而前則行緩而不能及利○

委軍而爭利則輜重捐

曹操曰置輜重則恐捐棄也○李筌曰委棄輜重則軍資闕也○杜牧曰舉一軍之物行則重滯遲緩不及於利委棄輜重輕兵前追則恐輜重因此棄捐也○賈林曰恐敵知而絕我後糧也○杜佑曰委置庫藏輕師而行若敵乘虛而來抄絕其後則已輜重皆悉棄捐○梅堯臣曰委軍中所有而行則輜重棄○王晳同曹操註○何氏同杜佑註○張預曰委置重滯輕兵獨進則恐輜重爲敵所掠故棄捐也

是故卷甲而趨日夜不處

曹操曰不得休息罷也

倍道兼行百里而爭利則擒三將軍

杜佑曰若不慮上二事欲從速疾卷甲束仗潛軍夜行若敵知其情邀而擊之則三軍之將爲敵所擒也若秦伯襲鄭三帥皆獲是也

勁者先疲者後其法十一而至

曹操曰百里而爭利非也三將軍皆以爲擒○李筌曰一日行一百二十里則爲倍道兼行若如此則勁健者先到疲者後至軍健者少疲者多且十人可一人先到餘悉在後以此遇敵何三將軍

不擒哉魏武逐劉備一日一夜行三百里諸葛亮
以爲彊弩之末不能穿魯縞言無力也是以有赤
壁之敗龐涓追孫臏死於馬陵亦其義也○杜牧
曰此說未盡也凡軍一日行三十里爲一舍倍道
兼行者再舍晝夜不息乃得百里爲一舍倍道若
如此爭利衆疲倦則三將軍皆須爲敵所擒其法
什一而至者不得已必須爭利凡十人中擇一人
最勁者先往其餘者則令繼後而往萬人中先擇
十人平旦先至其餘繼至有巳午時至者有申未
時至者各得不竭其力相續而至與先往者足得

聲響相接凡爭利必是爭奪要害雖千人守之亦
足以拒抗敵人以待繼至者太宗以三千五百騎
先據武牢竇建德十八萬衆而不能前此可知也
○陳皥曰杜說別是用兵一途非什一而至之義
也蓋言百里爭利勁者先疲者後十中得一而至
九皆疲困一則勁者也○賈林曰路遠人疲奔馳
力盡如此則我勞敵佚被擊何疑百里爭利愼勿
爲也○杜佑曰百里爭利非也三將軍皆爲擒也
彊弱不伏相待率十有一人至軍也罷音疲○梅
堯臣曰軍日行三十里而舍今乃晝夜不休行百

里故三將軍爲其擒也何則涉途既遠勁者少罷
者多十中得一至耳三將軍者三軍之師也○王
晳曰罷羸也此言爭利之道宜近不宜遠耳夫衝
風之衰不能起毛羽彊弩之末不能穿魯縞苟日
夜兼行百里趨利縱使一分勁者能至固已困乏
矣卽敵人以佚擊我之勞自當不戰而敗故司馬
宣王曰吾倍道兼行此曉兵者之所忌也或曰趙
奢亦卷甲而趨二日一夜卒勝秦者何也曰奢久
絣氣積力增壘遣間示怯以驕之使秦不意其至
兵又堅壁又去閼與五十里而軍比秦聞之及發

兵至非二三日不能也能來是彼有五十里趨敵之勞而我固已二三日休息士卒不勝其佚且又投之險難先據高陽奇正相因曷為不勝哉○何氏曰言三將出奇求利委軍衆輜重卷甲務速若晝夜百里不息則勁者能十至其一我勞敵佚敵衆我寡擊之未必勝也敗則三將俱擒以此見武之深戒也○張預曰卷甲猶悉甲也悉甲而進謂輕重俱行也凡軍日行三十里則止過六十里已上為倍道晝夜不息為兼行言百里之遠與人爭利輕兵在前輜重在後人罷馬倦渴者不得飲饑

者不得食忽遇敵則以勞對佚以饑敵飽又復首尾不相及故三軍之帥必皆爲敵所擒若晉人獲秦三帥是也輕兵之中十人得一人勁捷者先至下九人悉疲困而在後況重兵乎何以知輕重俱行下文云五十里而爭利則半至若止是輕兵則一日行五十里不爲遠也焉有半至之理是必重兵偕行也

五十里而爭利則蹷上將軍其法半至

曹操曰蹷猶挫也○李筌曰百里則十人一人至五十里十人五人至挫軍之威不至擒也言道近

不至疲○杜牧曰半至者凡十人中擇五人勁者先往也○賈林曰上猶先也○杜佑曰蹷猶挫也前軍之將已爲敵所蹷敗○梅堯臣曰十中得五猶遠不能勝○王晳曰罷勞之患滅於太半止挫敗而已○張預曰路不甚遠十中五至猶挫軍威況百里乎蹷上將謂前軍先行也或問曰唐太宗征宋金剛一日一夜行二百餘里亦能克勝者何也答曰此形同而勢異也且金剛既敗衆心已沮迫而滅之則河東立平若其緩之賊必生計此太宗所以不計疲頓而力逐也孫子所陳爭利之法

蓋與此異矣

三十里而爭利則三分之二至

曹操曰道近至者多故無死敗也○李筌曰近不疲也故無死亡○杜牧曰三十里內凢十人中可以六七人先往也不言其法者舉上文可知也○杜佑曰道近則至者多故不言死敗勝負未可知也古者用師日行三十里步騎相須今徒而趨利三分之二至○梅堯臣曰道近至多庶或有勝○王晳曰計彼我之勢宜須爭者或亦當然雖三分二至蓋其精鋭者之力未至勞乏不可決以爲敗

故不云其法也○張預曰路近不疲至者太半不失行列之政不絶人馬之力庶幾可以爭勝上三事皆謂舉軍而爭利也

是故軍無輜重則亡無糧食則亡無委積則亡

曹操曰無此三者亡之道也○李筌曰無輜重者闕所供也袁紹有十萬之衆魏武用荀攸計焚燒紹輜重而敗紹於官渡無糧食者雖有金城不重於食也夫子曰足食足兵民信之矣故漢赤眉百萬衆無食而君臣面縛宜陽是以善用兵者先耕而後戰無委積者財乏闕也漢高祖無關中光武

無河内魏武無兖州軍北身遁豈能復振也○杜牧曰輜重者器械及軍士衣裝委積者財貨也○陳皥曰北説委軍爭利之難也○梅堯臣曰三者不可無是不可委軍而爭利也○王晳曰委積謂薪鹽蔬材之屬軍恃此三者以濟不可輕離也○張預曰無輜重則器用不供無糧食則軍餉不足無委積則財貨不充皆亡覆之道此三者謂委軍而爭利也

故不知諸侯之謀者不能豫交

曹操曰不知敵情謀者不能結交也○李筌曰預

備也知敵之情必備其交也○杜牧曰非也豫先也交交兵也言諸侯之謀先須知之然後可交兵合戰若不知其謀固不可與交兵也○陳皥曰曹說以爲不先知敵人之作謀即不能預結外援二說並通○梅堯臣曰不知敵國之謀則不能預交鄰國以爲援助也○張預曰先知諸侯之實情然後可與結交不知其謀則恐翻覆爲患其鄰國爲援亦軍爭之事故下文云先至而得天下之衆者爲衢地是也

不知山林險阻沮澤之形者不能行軍

曹操曰高而崇者爲山衆樹所聚者爲林坑塹者爲險一高一下者爲阻水草漸洳者爲沮衆水所歸而不流者爲澤不先知軍之所據及山川之形者則不能行師也○梅堯臣曰山林險阻之形沮澤濘淖之所必先審知○張預曰高而崇者爲山衆木聚者爲林坑坎者爲險一高一下者爲阻水草漸洳者爲沮衆水所歸而不流者爲澤凡此地形悉能知之然後可與人爭利而行軍

不用鄉導者不能得地利

李筌曰入敵境恐山川隘狹地土泥濘井泉不利

使人導之以得地利易曰即鹿無虞則其義也○杜牧曰管子曰凡兵主者必先審知地圖轘轅之險濫車之水名山通谷經川陵陸丘阜之所在苴草林木蒲葦之所茂道里之遠近城郭之大小名邑廢邑園殖之地必盡知之地形出入之相錯者盡藏之然後不失地利衛公李靖曰凡是賊徒好相掩襲須擇勇敢之夫選明察之士兼使鄉導潛歷山林密其聲晦其跡或刻爲獸足而却履於中途或上冠微禽而幽伏於藂薄然後傾耳以遠聽竦目而深視專智以度事機注心而視氣色覩水

痕則知敵濟之早晚觀樹動則可辨來寇之驅馳故烽火莫若謹而審旌旗莫若齊而一賞罰必重而不欺刑戮必嚴而不捨敵之動靜而我有備也敵之機謀而我先知也○陳皥曰凡此地利非用鄉人為導引則不能知地利也○杜佑曰不任彼鄉人而導軍者則不能得道路之便利也○梅堯臣曰凡丘陵原衍之向背城邑道路之迂直非人引導不能得也○何氏曰鄉導略曰從禽者若無山虞之官度其形勢之可否則徒入於林中終不能獲鹿矣出征者若無彼鄉之人導其道路之迂

直則雖至千境外終不能獲寇矣夫以奉辭致討趨未歷之地聲教未通音驛所絶深入其阻不亦艱哉我孤軍以往彼密嚴而待客主之勢已相遠矣況其專任詭譎多方以誤我苟不計而直進冐危而長驅躋險則有壅決之害醉行則有暴來之鬬夜止則有虛驚之憂倉卒無備落其彀中是乃擁熊虎之師自投於死地又安能摩逆壘蕩狡穴乎故敵國之山川陵陸丘阜之可以設險者林木蒲葦茂草之可以隱藏者道里之遠近城郭之大小邑落之寬狹田壤之肥瘠溝渠之深淺蓄積之

豐約卒乘之衆寡器械之堅脆必能盡知之則虜在目中不足擒也昔張騫嘗使大夏留匈奴中久導軍知利善水草處其軍得以無饑渴兹亦能獲其使利也凡用鄉導或軍行虜獲其人須防賊謀陰持姦計爲其誘誤必在鑒其色察其情參驗數人之言始終如一乃可爲准厚其須賞使之懷恩豐其室家使之係心即爲吾人當無翻覆然不如素畜堪用者但能諳練行途不必土人亦可任也仍選腹心智勇之士挾而偕往則巨細必審指蹤無失矣○張預曰山川之夷險道路之迂直必用

鄉人引而導之乃可知其所利而爭勝吳伐魯鄶人導之以克武城是也

故兵以詐立

杜牧曰詐敵人使不知我本情然後能立勝也○梅堯臣曰非詭道不能立事○王晳曰謂以迂為直以患為利也○何氏曰張形勢以誤敵也○張預曰以變詐為本使敵不知吾奇正所在則我可為立

以利動

杜牧曰利者見利始動也○梅堯臣曰非利不可

動○王皙曰誘之也○何氏曰量敵可擊則擊○張預曰見利乃動不妄發也傳曰三軍以利動

以分合爲變者也

曹操曰兵一分一合以敵爲變也○李筌曰以詭詐乘其利動或合或分以爲變化之形○杜牧曰分合者或分或合以惑敵人觀其應我之形然後能變化以取勝也○陳皞曰乍合乍分隨而更變之也○孟氏曰兵法詭詐以利動敵心或合或離爲變化之術○梅堯臣同曹操註○張預曰或分散其形或合聚其勢皆因敵動靜而爲變化

也或曰變謂奇正相變使敵莫測故衛公兵法云兵散則以合為奇兵合則以散為奇三令五申三散三合復歸於正焉

故其疾如風

曹操曰擊空虛也○李筌曰進退也其來無跡其退至疾也○梅堯臣曰來無形跡○王晳曰速乘虛也○何氏同梅堯臣註○張預曰其來疾暴所向皆靡

其徐如林

曹操曰不見利也○李筌曰整陳而行○杜牧曰

徐緩也言緩行之時須有行列如林木也恐爲敵人之掩襲也○孟氏曰言緩行須有行列如林以防其掩襲○杜佑曰不見利不前如風吹林小動而其大不移○梅堯臣曰如林之森然不亂也○王晳曰齊肅也○張預曰徐舒也舒緩而行若林木之森森然謂未見利也尉繚子曰重者如山如林輕者如炮如燔也

侵掠如火

曹操曰疾也○李筌曰如火燎原無遺草○杜牧曰猛烈不可嚮也○賈林曰侵掠敵國若火燎原

不可往復○張預曰詩云如火烈烈莫我敢遏言勢如猛火之熾誰敢禦我

不動如山

曹操曰守也○李筌曰駐車也○杜牧曰閉壁屹然不可揺動也○賈林曰未見便利敵誘誑我我因不動如山之安○梅堯臣曰峻不可犯○王晳曰堅守也○何氏曰止如山之鎮靜○張預曰所以持重也荀子議兵篇云圓居而方正則若盤石然觸之者角摧言不動之時若山石之不可移犯之者其角立毀

難知如陰

李筌曰其勢不測如陰不能覩萬象○杜牧曰如玄雲蔽天不見三辰○梅堯臣曰幽隱莫測○王晳曰形藏也○何氏曰暗秘而不可料○張預曰如陰雲蔽天莫覩辰象

動如雷震

李筌曰盛怒也○杜牧曰如空中擊下不知所避也○賈林曰其動也疾不及應太公曰疾雷不及掩耳○梅堯臣曰迅不及避○王晳曰不虞而至○何氏曰藏謀以奮如此○張預曰如迅雷忽擊

不知所避故太公曰疾雷不及掩耳迅電不及瞬
目

掠鄉分衆

曹操曰因敵而制勝也○李筌曰抄掠必分兵爲數道懼不虞也○杜牧曰敵之鄉邑聚落無有守兵六畜財穀易於剽掠則須分番次第使衆人皆得往也不可獨有所往如此則大小强弱皆欲與敵爭利也○陳皥曰夫鄉邑村落因非一處察其無備分兵掠之　掠鄉一作指向○賈林曰三軍不可言遣故以旌旗指向隊伍不可語傳故以麾

懺分衆故因敵陳形可爲勢此尤順訓練分明師徒服習也○梅堯臣曰以饗士卒○王晳曰指所鄉以分其衆鄉音向○何氏曰得掠物則與衆分○張預曰用兵之道大率務因糧於敵然而鄉邑之民所積不多必分兵隨處掠之乃可足用

廓地分利

曹操曰分敵利也○李筌曰得敵地必分守利害○杜牧曰廓開也開土拓境則分割與有功者韓信言於漢王曰項王使人有功當封爵者刻印刓忍不能與今大王誠能反其道以天下城邑封功

臣天下不足取也三略曰獲地裂之○陳皞曰言獲其土地則屯兵種蒔以分敵之利也○賈林曰廓度也度敵所據地利分其利也○梅堯臣曰與有功也○王晳曰廓視地形以據便利勿使敵專也○張預曰開廓平易之地必分兵守利不使敵人得之或云得地則分賞有功者今觀上下之文恐非謂此也

懸權而動

曹操曰量敵而動也○李筌曰權量秤也敵輕重與吾有銖鎰之別則動夫先動爲客後動爲主客

難而主易太一遁甲定計之筭明動易也○杜牧曰如衡懸權秤量已定然後動也○何氏同杜牧註○張預曰如懸權於衡量知輕重然後動也尉繚子曰權敵審將而後舉言權量敵之輕重審察將之賢愚然後舉也

先知迂直之計者勝此軍爭之法也

李筌曰迂直道路勞佚餒寒生於道路○杜牧曰言軍爭者先須計遠近迂直然後可以爲勝其計量之審如懸權於衡不失錙銖然後可以動而取勝此乃軍爭勝之法也○梅堯臣曰稱量利害而

動在預知遠近之方則勝○王晳曰量敵審輕重而動又知迂直必勝之道也○張預曰凡與人爭利必先量道路之迂直審察而後動則無勞頓寒餒之患而且進退遲速不失其機故勝也

軍政曰

梅堯臣曰軍之舊典○王晳曰古軍書

言不相聞故爲金鼓

杜佑曰金鉦鐸也聽其音聲以爲耳候○梅堯臣曰以威耳也耳威於聲不可不淸○王晳曰鼓鼙鉦鐸之屬坐作進退疾徐疏數皆有其節

視不相見故爲旌旗

杜佑曰瞻其指麾以爲目候○梅堯臣曰以威目也目威於色不得不明○王晳曰表部曲行列齊整也

夫金鼓旌旗者所以一人之耳目也

李筌曰鼓進鐸退旌賞而旗罰耳聽金鼓目視旌旗故不亂也勇怯不能進退者由旗鼓正也○張預曰夫用兵既衆占地必廣首尾相遼耳目不接故設金鼓之聲使之相聞立旌旗之形使之相見視聽均齊則雖百萬之衆進退如一矣故曰鬬衆

如鬭寡形名是也

人旣專一則勇者不得獨進怯者不得獨退此用衆之法也

杜牧曰旌以出令旗以應號蓋旗者即今之信旗也軍法曰當進不進當退不退者斬之吳起與秦人戰戰未合有一夫不勝其勇前獲雙首而返吳起斬之軍吏進諫曰此材士也不可斬吳起曰信材士非令也乃斬之○梅堯臣曰一人之耳目者謂使人之視聽齊一而不亂也鼓之則進金之則止麾右則右麾左則左不可以勇怯而獨先也○

王晳曰使三軍之衆勇怯進退齊一者鼓鐸旌旗之爲也○張預曰士卒專心一意惟在於金鼓旌旗之號令當進則進當退則退一有違者必戮故曰令不進而進與令不退而退厥罪惟均尉繚子曰鼓鳴旗麾先登者未嘗非多力國士也將者之過也言不可賞先登獲雋者恐進退不一耳

故夜戰多火鼓晝戰多旌旗所以變人之耳目也

李筌曰火鼓夜之所視聽旌旗晝之所指揮○杜牧曰令軍士耳目皆隨旌旗火鼓而變也或曰夜戰多火鼓其旨如何夜黑之後必無原野列陳與

敵刻期而戰也軍襲敵營鳴鼓然火適足以警敵人之耳明敵人之目於我返害其義安在答曰富哉問乎此乃孫武之微旨也凡夜戰者蓋敵人來襲我壘不得已而與之戰其法在於立營之法與陳小同故志曰止則爲營行則爲陳蓋大陳之中必包小陳大營之内亦包小營蓋前後左右之軍各自有營環遶大將之營居於中央諸營環之隅落鉤聯曲折相對象天之壁壘星其營相去上不過百步下不過五十步道徑通達足以出隊列部壁壘相望足以弓弩相救每於十字路口必立小

堡上致柴薪穴爲暗道胡梯上之令人看守夜黑之後聲鼓四起即以燔燎是以賊夜襲我雖入營門四顧屹然復有小營各自堅守東西南北未知所攻大將營或諸小營中先知有賊至者放令盡入然後擊鼓諸營齊應衆堡燎火明如晝日諸營兵士於是閉門登壘下瞰敵人勁弩彊弓四向俱發敵人雖有韓白之將鬼神之兵亦無能計也唯恐夜不襲我來則必敗若敵人或能潛入一營即諸營舉火出兵四面繞之號令營中不得輙動須臾之際善惡自分賊若出走皆在羅網矣故司馬

宣王入諸葛亮營壘見其曲折曰此兵下之奇才也今之立營通洞豁達雜以居之若有賊夜來斫營萬人一時驚擾雖多致斥候嚴爲備守晦黑之後彼我不分雖有衆力亦不能用〇陳皥曰杜言夜黑之後必無原野列陳與敵人刻期而戰非也天寶末李光弼以五百騎趨河陽多列火炬首尾不息史思明數萬之衆不敢逼之豈止待賊斫營而已〇賈林曰火鼓旌旗可以聽望故晝夜異用之〇梅堯臣曰多者欲以變惑敵人耳目〇王晳曰多者所以震駭視聽使懾我之威武聲氣也傳

曰多鼓鈞聲以夜軍之○張預曰凡與敵戰夜則火鼓不息晝則旌旗相續所以變亂敵人之耳目使不知其所以備我之計越伐吳夾水而陳越爲左右句卒使夜或左或右鼓噪而進吳師分以禦之遂爲越所敗是惑以火鼓也晉伐齊使司馬斥山澤之險雖所不至必旆而踈陳之齊侯畏而脫歸是惑以旌旗也

故三軍可奪氣

曹操曰左氏言一鼓作氣再而衰三而竭○李筌曰奪氣奪其銳勇齊伐魯戰於長勺齊人一鼓公

將戰曹劌曰未可齊人三鼓劌曰可矣乃戰齊師敗績

公問其故劌曰夫戰勇氣也一鼓作氣再而衰三而竭彼竭我盈故克之奪三軍之氣也○杜牧曰司馬法戰以力久以氣勝齊伐魯莊公將戰於長勺公將鼓之曹劌曰未可齊人三鼓劌曰可矣齊師敗績公問其故對曰夫戰勇氣也一鼓作氣再而衰三而竭彼竭我盈故克之晉將氏丘儉文欽反諸軍屯樂嘉司司景王銜枚徑造之欽子鴦年十八勇冠三軍曰及其未定請登城鼓譟擊之可破既而三譟之欽不能應鴦退相與引而東

景王謂諸將曰欽走矣發銳軍以追之諸將曰欽舊將鴦小而銳引軍內入未有失利必不走也王曰一鼓作氣再而衰三而竭鴦鼓而欽不應其勢已屈不走何待欽果引去○王晳曰震懾衰惰則軍氣奪矣○何氏曰淮南子曰將充勇而輕敵卒果敢而樂戰三軍之衆百萬之師志厲青雲氣如飄風聲如雷霆誠積踰而威加敵人此謂氣勢吴子曰三軍之衆百萬之師張設輕重在於一人是謂氣機故奪氣者有所待有所乘則可矣○張預曰氣者戰之所恃也夫含生稟血鼓作鬬爭雖死

不省者氣使然也故用兵之法若激其士卒令上下同怒則其鋒不可當故敵人新來而氣銳則且以不戰挫之伺其衰倦而後擊故彼之銳氣可以奪也尉繚子謂氣實則鬬氣奪則走者此之謂也曹劌言一鼓作氣者謂初來之氣盛也再而衰三而竭者謂陳久而人倦也又李靖曰守者不止完其壁堅其陳而已必也守吾氣而有待焉所謂守其氣者常養吾之氣使銳盛而不衰然後彼之氣可得而奪也

將軍可奪心

李筌曰心之令憒撓之令亂間之令踈卑之令驕則彼之心可奪也○杜牧曰心者將軍心中所倚賴以爲軍者也後漢寇恂征隗囂囂將高峻守高平第一峻遣軍將皇甫文出謁恂辭禮不屈恂怒斬之遣其副峻惶恐即日開城門降諸將曰敢問殺其使而降其城何也恂曰皇甫文峻之腹心其所取計者今來辭氣不屈必無降心全之則文得其計殺之則峻亡其膽是以降耳後燕慕容垂遣子寶率衆伐後魏始寶之來垂已有疾自到五原道武帝斷其來路父子問絶道武乃詭其行人之

辭令臨河告之曰父已死何不遽還寶兄弟聞之憂懼以爲信然因夜遁去道武襲之大破於參合陂○梅堯臣曰以鼓旗之變惑奪其氣軍旣奪氣將亦奪心○王晳曰紛亂諠譁則將心奪矣○何氏曰先須已心能固然後可以奪敵將之心故傳曰先人有奪人之心司馬法曰本心固新氣勝者是也○張預曰心者將之所主也夫治亂勇怯皆主於心故善制敵者撓之而使亂激之而使惑迫之而使懼故彼之心謀可以奪也傳曰先人有奪人之心謂奪其本心之計也又李靖曰攻者不止

攻其城擊其陳而已必有攻其心之術焉所謂攻

其心者常養吾之心使安閑而不亂然後彼之心

可得而奪也

是故朝氣銳

陳皥曰初來之氣氣方盛銳勿與之爭也○孟氏

曰司馬法曰新氣勝舊氣新氣即朝氣也○王晳

曰士衆凡初舉氣銳也

晝氣惰

王晳曰漸久少怠

暮氣歸

孟氏曰朝氣初氣也晝氣再作之氣也暮氣衰竭之氣也○梅堯臣曰朝言其始也晝言其中也暮言其終也謂兵始而銳久則惰而思歸故可擊○王晳曰怠久意歸無復戰理

故善用兵者避其銳氣擊其惰歸此治氣者也

李筌曰氣者軍之氣勇○杜牧曰陽氣生於子成於寅衰於午伏於申凡晨朝陽氣初盛其來必銳故須避之候其衰伏擊之必勝武德中太宗與竇建德戰於汜水東建德列陳彌亘數里太宗將數騎登高觀之謂諸將曰賊度險而囂是軍無政令

逼城而陳有輕我心按兵不出待敵氣衰陳久卒饑必將自退退而擊之何往不克建德列陳自卯至午兵士饑倦悉列坐石又爭飲水太宗曰可擊矣遂戰生擒建德○陳皥曰有辰巳列陳至午未未勝者午未列陳至申酉未勝者不必事須晨旦而爲陽氣申午而爲衰氣也太宗之攻建德也登高而望之謂諸將曰賊盡鋭來攻我當少避之退則可以騎留之以明不須晨旦也凡彼有鋭則如此避之不然則否○杜佑曰避其精鋭之氣擊其懈惰欲歸此理氣者也曹劌之説是也○梅堯臣

曰氣盛勿擊衰懈易敗○何氏曰夫人情莫不樂安而惡危好生而懼死無故驅之就卧尸之地樂趨於兵戰之場其心之所畜非有忿怒欲鬬之氣一旦乘而激之冒難而不顧犯危而不畏則未嘗不悔而怯矣今夫天下懦夫心有所激則率爾爭鬬不啻諸劌至于操刃而求鬬者氣之所乘也氣衰則息惻然而悔矣故三軍之視強寇如視處女者乘其忿怒而有所激也是以即墨之圍五千人擊却燕師者乘燕劓降掘塚之怒也秦之鬬士倍我者因三施無報之怒所以我怠而秦奮也二者

治氣有道而所用乘其機也○張預曰朝喻始晝喻中暮喻末非以早晚爲辭也凡人之氣初來新至則勇銳陳久人倦則衰故善用兵者當其銳盛則堅守以避之待其惰歸則出兵以擊之此所謂善治已之氣以奪人之氣者也前趙將游子遠之敗伊餘羌唐武德中大宗之破竇建德皆用此術

以治待亂以靜待譁此治心者也

李筌曰伺敵之變因而乘之○杜牧曰司馬法曰本心固言料敵制勝本心已定但當調治之使安靜堅固不爲事撓不爲利惑候敵之亂伺敵之譁

則出兵攻之矣○陳皞曰政令不一賞罰不明謂之亂旌旗錯雜行伍輕疊謂之譁審敵如是則出攻之○賈林曰以我之整治待敵之撓亂以我之清淨待敵之諠譁此治心者也故太公曰事莫大於必克用莫大於玄默也○梅堯臣曰鎮靜待敵衆心則寧○王晳同陳皞註○何氏曰夫將以一身之寡一心之微連百萬之衆對虎狼之敵利害之相雜勝負之紛揉權智萬變而措置於胸臆之中非其中廓然方寸不亂豈能應變而不窮處事而不迷卒然遇大難而不驚案然接萬物而不惑

吾之治足以待亂吾之靜足以待譁前有百萬之敵而吾視之則如遇小寇亞夫之禦寇也堅卧而不起欒箴之臨敵也好以整又好以暇夫審此二人者蘊以何術哉蓋其心治之有定養之有餘也○張預曰治以待亂靜以待譁安以待躁忍以待忿嚴以待懈此所謂善治己之心以奪人之心者也

以近待遠以佚待勞以飽待饑此治力者也

李筌曰客主之勢○杜牧曰上文云致人而不致於人是也○杜佑曰以我之近待彼之遠以我之

閑佚待彼之疲勞以我之充飽待彼之饑虛此理人力者也○梅堯臣曰無困竭人力以自弊○王晳曰以餘制不足善治力也○張預曰近以待遠佚以待勞飽以待饑誘以待來重以待輕此所謂善治己之力以困人之力者也

無邀正正之旗勿擊堂堂之陳此治變者也

曹操曰正正齊也堂堂大也○李筌曰正正者齊整也堂堂者部分也○杜牧曰堂堂者無懼也兵者隨敵而變敵有如此則勿擊之是能治變也後漢曹公圍鄴袁尚來救公曰尚若從大道來當避

之若循西山來此成擒耳尚果循西山來逆擊大破之也○梅堯臣曰正正而來堂堂而陳示無懼也必有奇變○王晳曰本可要擊以視整齊盛大故變○何氏曰所謂强則避之○張預曰正正謂形名齊整也堂堂謂行陳廣大也敵人如此豈可輕戰軍政曰見可而進知難而退又曰强而避之言須識變通此所謂善治變化之道以應敵人者也

故用兵之法高陵勿向背丘勿逆

李筌曰地勢也○杜牧曰向者仰也背者倚也逆

者迎也言敵在高處不可仰攻敵倚丘山下來求
戰不可逆之此言自下趨高者力乏自高趨下者
勢順也故不可向迎○孟氏曰敵背丘陵爲陳無
有後患則當引軍平地勿迎擊之○杜佑曰敵若
依據丘陵險阻陳兵待敵勿輕攻趨也旣馳勢不
便及有殞石之衝也○梅堯臣曰高陵勿向者敵
處其高不可仰擊背丘勿逆者敵自高而來不可
逆戰勢不便也○王晳曰如此不便則當嚴陳以
待變也○何氏曰秦伐韓趙王令趙奢救之秦人
聞之悉甲而至軍士許歷請以軍事諫曰秦人不

意趙師至此其來氣盛將軍必厚集其陳以待之不然必敗今先據北山上者勝後至者敗奢從之即發萬人趨之秦兵後至爭山不得上奢縱兵擊之大破秦軍後周遣將伐高齊圍洛陽齊將段韶禦之登邙坂聊欲觀周軍形勢至太和谷便值周軍即遣馳告諸營與諸將結陳以待之周軍以步人在前上山逆戰韶以彼步我騎且却且引得其力弊乃遣下馬擊之短兵始交周人大潰並即奔遁○張預曰敵處高爲陳不可仰攻人馬之馳逐弧矢之施發皆不便也故諸葛亮曰山陵之戰不

仰其高敵從高而來不可迎之勢不順也引至平
地然後合戰
佯北勿從
李筌杜牧曰恐有伏兵也○賈林曰敵未衰忽然
奔北必有奇伏要擊我兵謹勒將士勿令逐追○
杜佑曰北奔走也敵方戰氣勢未衰便奔走而陳
兵者必有奇伏勿深入從之故太公曰夫出甲陳
兵縱卒亂行者欲以爲變也○梅堯臣同杜牧註
○王晳曰勢不至北必有詐也則勿逐○何氏曰
如戰國秦師伐趙趙奢之子括代廉頗將拒秦於

長平秦陰使白起爲上將軍趙出兵擊秦秦軍佯敗而走張二奇兵以劫之趙軍逐勝追造秦壁壁堅不得入而秦奇兵二萬五千人絕趙軍後又一軍五千騎絕趙壁間趙軍分而爲二糧道絕而秦出輕兵擊之趙戰不利因築壁堅守以待救至秦聞趙食道絕王自之河內發卒遮絕趙救及糧食趙卒不得食四十六日陰相殺食括中射而死蜀劉表遣劉備北侵至鄴曹公遣夏侯惇李典拒之一朝備燒屯去惇遣諸將追擊之典曰賊無故退疑必有伏南道窄狹草木深不可追也不聽惇等

果入賊伏裏典往救備見救至乃退西魏末遣將
史寧與突厥同伐吐谷渾遂至樹敦即吐谷渾之
舊都多諸珍藏而其主先已奔賀真城留其征南
王及數千人固守寧攻之偽退吐谷渾人果關門
逐之因回兵奪門門未及闔寧兵遂得入生獲其
征南王俘獲男女財寶盡歸諸突厥北齊高澄立
侯景叛歸梁而圍彭城澄遣慕容紹宗討之將戰
紹宗以梁人剽悍恐其衆之撓也召將師而語之
曰我當佯退誘梁人使前汝可擊其背申明誡之
景又命梁人曰逐北勿過二里會戰紹宗走梁人

不用景言乘敗深入魏人以紹宗之言爲信爭掩擊遂大敗之唐安祿山反郭子儀圍衛州僞鄭王慶緒率兵來援分爲三軍子儀陳以待之預選射者三千人伏於壁内誡之曰俟吾小却賊必爭進則登城鼓譟弓弩齊發以逼之既戰子儀僞退而賊果乘之乃開壘門遽聞鼓譟矢注如雨賊徒震駭整衆追之遂虜慶緒○張預曰敵人奔北必審眞僞若旗鼓齊應號令如一紛紛紜紜雖退走非敗也必有奇也不可從之若旗靡轍亂人囂馬駭此眞敗却也

銳卒勿攻

李筌曰避彊氣也○杜牧曰避實也楚子伐隋隋臣季良曰楚人尚左君必左無與王遇且攻其右右無良焉必敗偏敗衆乃攜矣隋少師曰不當王非敵也不從隋師敗績○陳皥曰此說是避敵所長非銳卒勿攻之旨也蓋言士卒輕銳且勿攻之待其懈惰然後擊之所謂千里遠鬭其鋒莫當蓋近之爾○梅堯臣曰伺其氣挫○何氏曰如蜀先主率大衆東伐吳吳將陸遜拒之蜀主從建平連圍至夷陵界立數十屯以金帛爵賞誘動諸夷先

遣將吳班以數千人於平地立營欲以挑戰諸將
皆欲擊之遜曰備舉軍東至銳氣始盛且乘高守
險難可卒攻攻之縱下猶難盡克若有不利損我
必大今但有獎厲將士廣施方略以觀其變備知
其計不行乃引伏兵八千人從谷中出遜曰所以
不聽諸軍擊班者揣之必有巧故也諸將並曰攻
備當在初今乃令入五六百里相銜持經七八月
其諸要害賊已固守擊之必無利矣遜曰備是猾
虜其軍始集思慮精專未可干也今住已久不得
我便兵疲意沮計不復生掎角此寇正在今日乃

先攻一營不利遜曰吾已曉破之之術乃令各持一把茅以火攻拔之備因夜遁魏末吳將諸葛恪圍新城司馬景王使毋丘儉文欽等拒之儉欽請戰景王曰恪卷甲深入投兵死地其鋒未易當且新城小而固攻之未可拔遂令諸將高壘以弊之相持數月恪攻城力屈死傷太半景王乃令欽督銳卒趣合榆斷其歸路恪懼而遁前趙劉曜遣將討羌大酋權渠率衆保險阻曜將游子遠頻敗之權渠欲降其子伊餘大言於衆中曰往年劉曜自來猶無若我何晨壓子遠壘門左右勸出戰子遠

曰吾聞伊餘有專諸之勇慶忌之捷其父新敗怨
氣甚盛且西戎勁悍其鋒不可擬也不如緩之使
氣竭而擊之乃堅壁不戰伊餘有驕色于遠候其
無備夜分誓衆秣馬蓐食先晨具甲掃壘而出遲
明設覆而戰生擒伊餘于陳唐武德中太宗率師
往河東討劉武周江夏王道宗從軍太宗登玉壁
城覩賊顧謂道宗曰賊恃其衆來邀我戰汝謂如
何對曰羣賊鋒不可當易以計屈難與力爭今衆
深壁高壘以挫其鋒烏合之徒莫能持久糧運致
竭自當離散可不戰而擒太宗曰汝意見暗與我

合後賊食盡夜遁一戰敗之又太宗征薛仁杲於折墌城賊十有餘萬兵鋒甚銳數來挑戰諸將請戰太宗曰我卒新經挫衂銳氣猶少賊驟勝必輕進好鬭我且閉壁以折之待其氣衰而後擊可一戰而破此萬全計也因令軍中曰敢言戰者斬相持久之賊糧盡軍中頗攜貳其將相繼來降太宗知仁杲必腹内離謂諸將曰可以戰矣令總管梁實營於淺水原以誘之賊大將宗羅睺自恃驕悍求戰不得氣憤者久之及是盡銳攻梁實冀逞其志梁實固險不出以挫其鋒羅睺攻之愈急太宗

度賊已疲復謂諸將曰彼氣將衰吾當取之必矣申令諸將遲明合戰令將軍龐玉陳於淺水原南出賊之右先餌之羅睺併軍共戰玉軍幾敗太宗親禦大軍奄自原北出其不意羅睺回師相拒我師表裏齊奮呼聲動天羅睺氣奪於是大潰又李靖從河間王孝恭討蕭銑兵至夷陵銑將文士弘率精卒數萬屯清江孝恭欲擊之靖曰士弘銑之健將士卒驍勇今新出荆門盡兵出戰此是救敗之師恐不可當也宜且泊南岸勿與爭鋒待其氣衰然後奮擊破之必矣孝恭不從留靖守營與賊

戰孝恭果敗奔于南岸〇張預曰敵若乘銳而來其鋒不可當宜少避之以伺疲挫晉楚相持楚晨壓晉軍而陳軍吏患之欒書曰楚師輕窕固壘以待之三日必退退而擊之必獲勝焉又唐太宗征薛仁杲賊兵鋒甚銳數來挑戰諸將咸請戰太宗曰當且閉壘以折之待其氣衰可一戰而破也果然

餌兵勿食

李筌曰秦人毒涇上流杜牧曰敵忽棄飲食而去先須嘗試不可便食慮毒也後魏文帝時庫莫奚

侵擾詔濟陰王新成率衆討之王乃多爲毒酒賊
既漸逼使棄營而去賊至喜競飲酒酣毒作王簡
輕騎縱擊俘獲萬計○陳皥曰此之獲勝蓋非偶
然固非爲將之道垂後世法也孫子豈以他人不
能致毒於人腹中哉此言喻魚若見餌不可食也
敵若懸利不可貪也曹公與袁紹將文醜等戰諸
將以爲敵騎多不如還營荀攸曰此所以餌敵也
安可去之即知餌兵非止謂寘毒也食字疑或爲
貪字也○梅堯臣曰魚貪餌而亡兵貪餌而敗敵
以兵來鈎我我不可從○王晳曰餌我以利必有

奇伏○何氏曰如春秋時楚伐絞軍其南門莫敖屈瑕曰絞小而輕輕則寡謀請無扞采樵者以誘之從之絞人獲三十人明日絞人爭出驅楚役徒於山中楚人坐其北門而覆諸山下大敗之爲城下之盟而還又如赤眉佯敗棄輜重走車載土以豆覆其上鄧弘取之爲赤眉所敗曹公未得濟而放牛馬馬超取之而公得渡又如曹公棄輜重文醜劉備分取之而爲公所破又如後魏廣陽王元深以也列河誘拔陵覔來抄掠拔陵爲千謹伏兵所破此皆餌之之術也○張預曰三略曰香餌之

下必有懸魚言魚貪餌則爲鈎者所得兵貪利則爲敵人所敗夫餌兵非止謂寘毒於飲食但以利留敵皆爲餌也若曹公以畜產餌馬超以輜重餌袁紹李矩以牛馬餌石勒之類皆是也

歸師勿遏

李筌曰士卒思歸志不可遏也○杜牧曰曹公自征張繡於穰劉表遣兵救繡以絶軍後公將引還繡兵來追公軍不得進表與繡復合兵守險公軍前後受敵公乃夜鑿險爲地道悉過輜重設奇兵步騎來攻大破之公謂荀文若曰虜遏吾歸師而

與吾死地吾是以知勝矣○孟氏曰人懷歸心必能死戰則不可止而擊也○杜佑曰人人有室家鄉國之往不可遏截之徐觀其變而制之○梅堯臣曰敵必死戰○王晳曰人自爲戰也勿遏塞之若猶有他慮則可要而擊曹公攻鄴袁尚來救諸將以爲歸師不如避之公曰尚從大道來則避之若循西山來者此成擒耳蓋大道來則歸意全循山來則顧負險且有懼心也○何氏曰如魏初曹操圍張繡於穰劉表遣兵救繡以絕軍後公將引還繡兵來追公軍不得進連營稍前到安衆繡與

表合兵守險公軍前後受敵公乃夜鑿險爲地道悉過輜重設奇兵會明賊謂公爲遁也悉軍來追乃縱奇兵步騎夾攻大破之公謂荀彧曰虜遏吾歸師與吾死地是以知勝齊建武二年魏圍鍾離張欣泰爲軍主隨崔慧景救援及魏軍退而邵陽洲上餘兵萬人求輸馬五百匹假道慧景欲斷路攻之欣泰說慧景曰歸師勿遏古人畏之兵在死地不可輕也慧景乃聽過也前秦符堅征晉至壽春兵敗還長安慕容泓起兵于華澤堅將符叡實衝姚萇討之符叡勇果輕敵不恤士衆泓聞其至

也懼率衆將奔關東叡馳兵邀之姚萇諫曰鮮卑有思歸之心宜驅令出關不可遏也叡弗從戰于華澤叡敗績被殺後涼呂弘攻段業於張掖不勝將東走業議欲擊之其將沮渠蒙遜諫曰歸師勿遏窮寇勿追此兵家之戒不如縱之以爲後圖業曰一日縱敵悔將無及遂率衆追之爲弘所敗○張預曰兵之在外人人思歸當路邀之必致死戰韓信曰從思東歸之士何所不克曹公旣破劉表謂荀彧曰虜遏吾歸師吾是以知勝又呂弘攻段業不勝將東走業欲擊之或諫曰歸師勿遏兵家

之戒不如縱之以爲後圖業不從率衆追之爲弘
所敗古人似此者多不可悉陳

圍師必闕

曹操曰司馬法曰圍其三面闕其一面所以示生
路也○李筌曰夫圍敵必空其一面示不固也若
四面圍之敵必堅守不拔也項羽坑外黄魏武圍
壺關卽其義也○杜牧曰示以生路令無必死之
心因而擊之後漢妖巫維汜弟子單臣傅鎮等相
聚入原武城劫掠吏人自稱將軍光武遣臧宫將
北軍數千人圍之賊食多數攻不下士卒死傷帝

召公卿諸侯王門方略明帝時爲東海王對曰妖巫相劫勢無久立其中必有悔者但外圍急不得走耳小挺緩令得逃亡則一亭長足以擒矣帝卽勑令開圍緩守賊衆分散遂斬臣鎮等大唐天寶末李光弼領朔方軍與史思明戰于土門賊衆退散四面圍合光弼令開東南角以縱之賊見開圍棄甲急走因追擊之盡殲其衆是開一面也○杜佑曰若圍敵平陸之地必空一面以示其虛欲使戰守不固而有去留之心若敵臨危據險彊救在表當堅固守之未必闕也此用兵之法○梅堯臣

同曹操註〇何氏曰如後漢初張步據齊地漢將
耿弇總兵討之步使其大將費邑軍歷下又分守
祝阿鍾城弇先擊祝阿自晨攻城未日中而拔故
開圍一角令其衆得奔歸鍾城鍾城人聞祝阿已
潰大恐懼遂空壁亡去又朱儁與徐璆共討黄巾
餘賊韓忠據宛乞降不許因急攻之連城不克儁
登山覘之顧謂張超曰吾知之矣賊今外圍周固
內營急逼乞降不受欲出不得所以死戰也萬人
一心猶不可當況十萬乎其害甚矣今不如徹圍
并兵入城忠見圍解則勢必自出出則意散易破

之道也既而解圍忠果出戰儁因破之又魏太祖圍壺關下令曰城拔皆坑之連月不下曹仁曰圍城必示之活門所以開其生路也今公告之必死將人自為守且城固而糧多攻之則士卒傷守之則曰久今頓兵堅城之下攻必死之虜非良計也太祖從之開城遂降又後魏末齊神武起義兵於河北尒朱兆天光度律仲遠等四將同會鄴南士馬精彊號二十萬圍神武於南陵山是時神武馬二千步卒不滿三萬人兆等設圍不合神武連繫牛驢自塞歸道於是將士死戰四面奮擊大破兆

等○張預曰圍其三面開其一角示以生路使不堅戰後漢朱儁討賊師韓忠於宛急攻不克因謂軍吏曰賊今外圍周固所以死戰若我解圍勢必自出出則意散易破之道也果如其言又曹公圍壺關謂之曰城破皆坑之連攻不下曹仁謂公曰夫圍城必示之活門所以開其生路也今公許之必死令人自守非計也公從之遂拔其城是也

窮寇勿迫

杜牧曰春秋時吴伐楚楚師敗走及清發闔閭復將擊之夫槩王曰困獸猶鬬況人乎若知不免而

致死必敗我若使半濟而後可擊也從之又敗之漢宣帝時趙充國討先零羌羌覩大軍棄輜重欲渡湟水道阨狹充國徐行驅之或曰逐利行遲充國曰窮寇也不可迫緩之則走不顧急之則還致死諸將曰善虜果赴水溺死者數萬於是大破之也○陳皥曰鳥窮則搏獸窮則噬也○梅堯臣曰困獸猶鬬物理然也○何氏曰前燕呂護據野王陰通晉事覺燕將慕容恪等率衆討之將軍傅顔言之恪曰護窮寇假合王師既臨則上下喪氣毀下前以廣固天險守易攻難故為長久之策今賊

形不與往同宜急攻之以省千金之費恪曰護老賊經變多矣觀其爲備之道則未易卒圖也今圍之於窮城樵採路絶内無蓄積外無彊援不過於十旬弊之必矣何必殘士卒之命而趨一時之利哉此謂兵不血刃而坐以制勝也遂列長圍守之凡經六月而野王潰護南奔于晉悉降其衆五代晉將符彦卿杜重威經恪北鄙遇虜於陽城戎人十萬圍晉師於中野乏水軍人鑿井取泥衣絞而吮之人馬渴死甚衆彦卿曰與其束手就擒曷若以身徇國我今窮蹙乃率勁騎出擊之會大風揚

塵乘勢決戰戎人大潰此彥卿爲虜十萬所圍乃
窮蹙之寇遂致死力以求生戎人不悟之致敗也
○張預曰敵若焚舟破釜來決一戰則不可逼迫
蓋獸窮則搏也晉師敗齊于鞌齊侯請盟晉人不
許齊侯曰請收合餘燼背城借一晉人懼而與之
盟吳夫槩王謂困獸猶鬭漢趙充國言緩之則走
不顧急之則還致死蓋亦近之
此用兵之法也

孫子集註卷之七

古典精粹

孫子集注

下册

[春秋]孫武 著
[漢]曹操等 注

中國書店

孫子集註卷之八

九變篇 曹操曰變其正得其所用九也○王晳曰晳謂九者數之極用兵之法當極其變耳逸詩云九變復貫不知曹公謂何爲九或曰九地之變也○張預曰變者不拘常法臨事適變從宜而行之之謂也凡與人爭利必知九地之變故次軍爭

孫子曰凡用兵之法將受命於君合軍聚衆張預曰已解上文

圮地無舍

曹操曰無所依也水毁曰圮○李筌曰地下曰圮行必水淹也○陳皡曰圮低下也孔明謂之地獄獄者中下四面高也○孟氏曰太下則爲敵所因

○杜佑曰擇地頓兵當趨利而避害也○梅堯臣曰山林險阻沮澤之地不可舍止無所依也○何氏曰下篇言圮地則吾將進其塗謂必固之地宜速去之也○張預曰山林險阻沮澤凡難行之道爲圮地以其無所依故不可舍止

衢地交合

曹操曰結諸侯也○李筌曰四通曰衢結諸侯之交地也○賈林曰結諸侯以爲援梅堯臣曰夫四通之地與旁國相通當結其交也○何氏曰下篇云衢地吾將固其結言交結諸侯使牢固也○張

預曰四通之地旁有鄰國先往結之以爲交援

絕地無留

曹操曰無久止也○李筌曰地無泉井畜牧采樵之處爲絕地不可留也○賈林曰谿谷坎險前無通路曰絕當速去無留○梅堯臣曰始去國始出境猶不居輕地是不可久留也○張預曰去國越境而師者絕地也危絕之地過於重地故不可淹留久止也

圍地則謀

曹操曰發奇謀也○李筌曰因地能通○賈林曰

居四險之中曰圍地敵可往來我難出入居此地者可預設奇謀使敵不爲我患乃可濟也○梅堯臣曰往返險迂當出奇謀○何氏曰下篇亦云圍地則謀言在艱險之地與敵相持須用奇險詭譎之謀不至於害也○張預曰居前隘後固之地當發奇謀若漢高爲匈奴所圍用陳平奇計得出玆近之

死地則戰

曹操曰殊死戰也○李筌曰置兵於必死之地人自爲私鬬韓信破趙此是也○梅堯臣曰前後有

礙決在死戰此而上舉九地之大約也○王晳註上之五地並同曹公○何氏曰下篇亦云死地則戰者此地速為死戰則生若緩而不戰氣衰糧絕不死何待也○張預曰走無所往當殊死戰淮陰背水陳是也從圮地無舍至此為九變止陳五事者舉其大略也九地篇中說九地之變唯言六事亦陳其大略也凡地有勢有變九地篇上所陳者是其勢也下所敘者是其變也何以知九變為九地之變下文云將不通九變雖知地形不能得地利又九地篇云九地之變屈伸之利不可不察以

此觀之義可見也下既說九地此復言九變者孫子欲叙五利故先陳九變盖九變五利相須而用故兼言之

塗有所不由

曹操曰隘難之地所不當從不得已從之故爲變○李筌曰道有險狹懼其邀伏不可由也○杜牧曰後漢光武遣將軍馬援耿舒討武陵五谿蠻軍次下雋今辰州也有兩道可入從壺頭則路近而水險從充道則路夷而運遠帝初以爲疑及軍至耿舒欲從充道援以爲棄日費糧不如進壺頭搤

其咽喉則賊自破以事上之帝從援策乃進營壺頭賊乘高守隘水疾船不得上會暑濕士卒多疫死援亦中病卒耿舒與兄好時侯書曰舒前上言當先擊充糧雖難運而兵馬得用軍人數萬爭欲先奮今壺頭竟不得進大衆怫鬱行死誠可痛惜○賈林曰由從也途且不利雖近不從杜佑曰阨難之地所不當從也不得已從之故為變也○梅堯臣曰避其險阨也○王晳曰途雖可從而有所不從慮奇伏也若趙涉說周亞夫避殽黽阨陿之間慮置伏兵請走藍田出武關抵洛陽間不過差

一二日是也○張預曰險阨之地車不得方軌騎不得成列故不可由也不得已而行之必爲權變韓信知陳餘不用李左車計乃敢入井陘口是也

軍有所不擊

曹操曰軍雖可擊以地險難久留之失前利若得之則利薄因窮之兵必死戰也○杜牧曰蓋以銳卒勿攻歸師勿遏窮寇勿追死地不可攻或我彊敵弱敵前軍先至亦不可擊恐驚之退走也言有如此之軍皆不可擊斯統言爲將須知有此不可擊之軍卽須不擊益爲知變也故列於九變篇中

○陳皥曰見小利不能傾敵則勿擊之恐重勞人也○賈林曰軍可威懷勢將降伏則不擊寇窮據險擊則死戰可自固守待其心惰取之○杜佑曰軍雖可擊以地險難久留之失前利若得之利薄也窮困之卒險陷之軍不可攻爲死戰也當固守之以待隙也○梅堯臣曰往無利也○王晳曰曹公曰軍雖可擊以地險難久留之失前利若得之則利薄晳謂餌兵銳卒正正之旗堂堂之陳亦是也○張預曰縱之而無所損克之而無所利則不須擊也又若我弱彼彊我曲彼直亦不可擊如晉

楚相持士會曰楚人德刑政事典禮不易不可敵也不爲是征義相近也

城有所不攻

曹操曰城小而固糧饒不可攻也操所以置華費而深入徐州得十四縣也○杜牧曰操捨華費不攻故能兵力完全深入徐州得十四縣也蓋言敵於要害之地深峻城隍多積糧食欲留我師若攻拔之未足爲利不拔則挫我兵勢故不可攻也宋順帝時荆州守沈攸之反素蓄士馬資用豐積戰士十萬甲馬二千軍至郢城功曹臧寅以爲攻守

異勢非旬日所拔若不時舉挫鋭損威今順流長驅計日可捷既傾根本則郢城豈能自固故兵法曰城有所不攻是也攸之不從郢郡守柳世隆拒攸之攸之盡鋭攻之不克衆潰走入林自縊後周武帝欲出兵於河陽以伐齊吏部宇文弢進曰今用兵須擇地河陽要衝精兵所聚盡力攻之恐難得志如臣所見彼汾之曲戍小山平攻之易拔用武之地莫過於此帝不納師竟無功復大舉伐齊卒用弢計以滅齊國家自元和三年至于今三十年間凡四攻寇魏薄攻寇之南宮縣上黨攻寇之

臨城縣太原攻寇之河星鎮是寇三城池浚壁堅芻粟米石金炭蔴膏凡城守之資常爲不可勝之計以備官軍擊虜攻既不拔兵頓力疲寇以勁兵來救故百戰百敗故三十年間困天下之功力攻數萬之寇四圍其境通計十歲竟無尺寸之功者盖常墮寇計中不能知變也○賈林曰臣忠義重稟命堅守者亦不可攻也○梅堯臣曰有所害也○王晳曰城非控要雖可攻然懼於鈍兵挫鋭或非堅實而得士死力又尅雖有期而救兵至吾雖得之利不勝其所害也○張預曰拔之而不能守

委之而不爲患則不須攻也又若深溝高壘卒不能下亦不可攻如士匄請伐偪陽荀罃曰城小而固勝之不武弗服爲笑是也

地有所不爭

曹操曰小利之地方爭得而失之則不爭也○杜牧曰言得之難守失之無害伍子胥諫夫差曰今我伐齊獲其地猶石田也東晉陶侃鎮武昌議者以武昌北岸有邾城宜分兵鎮之侃每不答而言者不已侃乃渡水獵引諸將佐語之曰我所以設險而禦寇正以長江耳邾城隔在江北內無所倚

外援羣夷夷中利深晉人貪利夷不堪命必引寇虜乃致禍之由非禦寇也且今縱有兵守之亦無益於江南若羯虜有可乘之會此又非所資也後庾亮戍之果大敗也○梅堯臣曰得之無益者○王晳曰謂地雖要害敵已據之或得之無所用若難守者○張預曰得之不便於戰失之無害於已則不須爭也又若遼遠之地雖得之終非已有亦不可爭如吳子伐齊伍貟諫曰得地於齊猶獲石田也不如早從事於越不聽爲越所滅是也

君命有所不受

曹操曰苟便於事不拘於君命也○李筌曰苟便於事不拘君命穰苴斬莊賈魏絳戮楊干是也○杜牧曰尉繚子曰兵者凶器也爭者逆德也將者死官也無天於上無地於下無敵於前無主於後○賈林曰決必勝之機不可推於君命苟利社稷專之可也○孟氏曰無敵於前無君於後閫外之事將軍制之○梅堯臣曰從宜而行也此而上五利也○張預曰苟便於事不從君命夫槩王曰見義而行不待命是也自塗有所不由至此爲五利或曰自圮地無舍至地有所不爭爲九變謂此九

事皆不從中覆但臨時制宜故統之以君命有所

不受

故將通於九變之地利者知用兵矣

李筌曰謂上之九事也○杜佑曰九事之變皆臨時制宜不由常道故言變也○賈林曰九變上九事將帥之任機權遇勢則變因利則制不拘常道然後得其通變之利變之則九數之則十故君命不在常變例也○梅堯臣曰達九地之勢變而爲利也○王晳曰非賢智不能盡事理之變也何氏曰孫子以九變名篇解者十有餘家皆不條其九

變之目者何也蓋自圮地無舍而下至君命有所不受其數十矣使人不得不惑愚熟觀文意上下止述其地之利害爾且十事之中君命有所不受且非地事昭然不類矣蓋孫子之意言凡受命之將合聚軍衆如經此九地有害而無利則當變之雖君命使之舍留攻爭亦不受也況下文言將不通於九變之利者雖知地形不能得地之利矣其君命豈得與地形而同算也況下之地形篇云戰道必勝主曰無戰必戰可也戰道不勝主曰必戰無戰可也厥旨盡在此矣○張預曰更變常道而

得其利者知用兵之道矣
將不通於九變之利者雖知地形不能得地之利矣
賈林曰雖知地形心無通變豈惟不得其利亦恐反受害也將貴適變也○梅堯臣曰知地不知變安得地之利○張預曰凡地有形有變知形而不曉變豈能得地之利
治兵不知九變之術雖知五利不能得人之用矣
曹操曰謂下五事也九變一云五變○賈林曰五利五變亦在九變之中遇勢能變則利不變則害在人故無常體能盡此理乃得人之用也五變謂

途雖近知有險阻奇伏之變而不由軍雖可擊知
有窮寇死鬬之變而不擊城雖勢孤可攻知有糧
充兵銳將智臣忠不測之變而不攻地雖可爭知
得之難守得之無利有反奪傷人之變而不爭君
命雖宜從之知有內御不利之害而不受此五變
者臨時制宜不可預定貪五利者途近則由軍勢
孤則擊城勢危則攻地可取則爭軍可用則受命
貪此五利不知其變豈惟不得人用抑亦敗軍傷
士也○梅堯臣曰知利不知變安得人而用○王
晳曰雖知五地之利不通其變如膠柱鼓瑟耳○

張預曰凡兵有利有變知利而不識變豈能得人之用曹公言下五事爲五利者謂九變之下五事也非謂雜於利害已下五事也

是故智者之慮必雜於利害

曹操曰在利思害在害思利當難行權也李筌曰害彼利此之慮○賈林曰雜一爲親一爲難言利害相參雜智者能慮之愼之乃得其利也○梅堯臣同曹操註○王晳曰將通九變則利害盡矣○張預曰智者慮事雖處利地必思所以害雖處害地必思所以利此亦通變之謂也

雜於利而務可信也

曹操曰計敵不能依五地爲我害所務可信也○杜牧曰信申也言我欲取利於敵人不可但見取敵人之利先須以敵人害我之事參雜而計量之然後我所務之利乃可申行也○賈林曰在利之時則思害以自慎一云以害雜利行之威令以臨之刑法以戮之已不二三則衆務皆信人不敢欺也○梅堯臣曰以害參利則事可行王晳曰曲盡其利則可勝矣○張預曰以所害而參所利可以伸己之事鄭師克蔡國人皆喜惟子產懼曰小國

無文德而有武功禍莫大焉後楚果伐鄭此是在利思害也

雜於害而患可解也

曹操曰既參於利則亦計於害雖有患可解也○李筌曰智者爲利害之事必合於道不至於極○杜牧曰我欲解敵人之患不可但見敵能害我之事亦須先以我能取敵人之利參雜而計量之然後有患乃可解釋也故上文云智者之慮必雜於利害也譬如敵人圍我我若但知突圍而去志必懈怠即必爲追擊未若勵士奮擊因戰勝之利以

解圍也舉一可知也○賈林曰在害之時則思利而免害故措之死地則生投之亡地則存是其患解也○梅堯臣曰以利參害則禍可脫○王晳曰周知其害則不敗矣○何氏曰利害相生明者常慮○張預曰以所利而參所害可以解己之難張方入洛陽連戰皆敗或勸方宵遁方曰兵之利鈍是常貴因敗以爲成耳夜潛進逼敵遂致克捷此是在害思利也

是故屈諸侯者以害

曹操曰害其所惡也○李筌曰害其政也杜牧曰

惡音一路反言敵人苟有其所惡之事我能乘而
害之不失其機則能屈敵也○賈林曰爲害之計
理非一途或誘其賢智令彼無臣或遺以姦人破
其政令或爲巧詐間其君臣或遺工巧使其人疲
財耗或遺淫樂變其風俗或與美人惑亂其心此
數事若能潛運陰謀密行不泄皆能害人使之屈
折也○梅堯臣曰制之以害則屈也○王晳曰窮
屈於必害之地勿使可解也○張預曰致之於受
害之地則自屈服或曰間之使君臣相疑勞之使
民失業所以害之也若韋孝寬間斛律光高熲平

陳之策是也

役諸侯者以業

曹操曰業事也使其煩勞若彼入我出彼出我入也○李筌曰煩其農也○杜牧曰言勞役敵人使不得休我須先有事業乃可爲也事業者兵衆國富人和令行也○杜佑曰能以事勞役諸侯之人令不得安佚韓人令秦鑿渠之類是也或以奇技藝業淫巧功能令其耽之心目內役諸侯若此而勞○梅堯臣曰撓之以事則勞○王晳曰常若爲攻襲之業以弊敵也田常曰五兵業已加魯矣○

張預曰以事勞之使不得休或曰壓之以富彊之業則可役使若晉楚國彊鄭人以犧牲玉帛奔走以事之是也

趨諸侯者以利

曹操曰令自來也○李筌曰誘之以利○杜牧曰言以利誘之使自來至我也墮吾畫中○孟氏曰趨速也善示以利令忘變而速至我作變以制之亦謂得人之用也梅堯臣同杜牧註○王晳曰趨敵之間當周旋我利也○張預曰動之以小利使之必趨

故用兵之法無恃其不來恃吾有以待也○梅堯臣曰所恃者不懈也

無恃其不攻恃吾有所不可攻也

曹操曰安不忘危常設備也○李筌曰預備不可闕也○杜佑曰安則思危存則思亡常有備○梅堯臣曰所賴者有備也○王晳曰備者實也○何氏曰吳略曰君子當安平之世刀劒不離身古諸侯相見兵衛不徹警蓋雖有文事必有武備況守邊固圉交刃之際歟凡兵所以勝者謂擊其空虛襲其懈怠苟嚴整終事則敵人不至傳曰不備不

虞不可以師昔晉人禦秦深壘固軍以待之秦師不能久楚爲陳而吳人至見有備而返程不識將屯正部曲行伍營陳擊刁斗吏治軍簿虜不得犯朱然爲軍師雖世無事每朝夕嚴鼓兵在營者咸行裝就隊使敵不知所備故出輒有功是謂能外禦其侮者乎常能居安思危在治思亂戒之於無形防之於未然斯善之善者也其次莫如險其走集明其伍候愼固其封守繕完其溝隍或多調軍食或益修戰械故曰物不素具不可以應卒又曰惟事事乃其有備有備無患常使彼勞我佚彼老

我壯亦可謂先人有奪人之心不戰而屈人之師也若夫莒以恃陋而潰齊以狎敵而殲虢以易晉而亡魯以果邾而敗莫敖小羅而無次吳子入巢而自輕斯皆可以作鑒也故吾有以待吾有所不可攻者能豫備之之謂也〇張預曰言須思患而預防之傳曰不備不虞不可以師

故將有五危

李筌張預曰下五事也

必死可殺也

曹操曰勇而無慮必欲死鬬不可曲撓可以奇伏

中之○李筌曰勇而無謀也○杜牧曰將愚而勇
者患也黄石公曰勇者好行其志愚者不顧其死
吴子曰凡人之論將常觀於勇勇之於將乃數分
之一耳夫勇者必輕合輕合而不知利未可將也
○梅堯臣同李筌註○何氏曰司馬法曰上死不
勝言貴其謀勝也○張預曰勇而無謀必欲死鬬
不可與力爭當以奇伏誘致而殺之故司馬法曰
上死不勝言將無策略止能以死先士卒則不勝
也

必生可虜也

曹操曰見利畏法不進也○李筌曰疑怯可虜也
○杜牧曰晉將劉裕泝江追桓玄戰于峥嶸洲于
時義軍數千玄兵甚盛而玄懼有敗衂常漾輕舸
於舫側故其衆莫有鬬心義軍乘風縱火盡鋭爭
先玄衆是以大敗也○孟氏曰將之怯弱志必生
返意不親戰士卒不精上下猶豫可急擊而取之
新訓曰爲將怯懦見利而不能進太公曰失利後
時反受其殃○梅堯臣曰怯而不果○王晳曰無
鬬志曹公曰見利怯不進也晳謂見害亦輕走矣
○何氏曰司馬法曰上生多疑疑爲大患也○張

預曰臨陳畏怯必欲生返當鼓譟乘之可以虜也晉楚相攻晉將趙嬰齊令其徒先具舟於河欲敗而先濟是也

忿速可侮也

曹操曰疾急之人可忿怒侮而致之也○李筌曰急疾之人性剛而可侮致也太宗殺宋老生而平霍邑○杜牧曰忿者剛怒也速者褊急也性不厚重也若敵人如此可以凌侮使之輕進而敗之也十六國姚襄攻黄落前秦符生遣符黄眉鄧羌討之襄深溝高壘固守不戰鄧羌說黄眉曰襄性剛

狠易以剛動若長驅鼓行直壓其壘必忿而出師可一戰而擒也黄眉從之襄怒出戰黄眉等斬之○杜佑曰急疾之人可忿怒而致死忿速易怒者狷戇疾急不計其難可動作欺侮○梅堯臣曰狷急易動○王皙曰將性貴持重忿狷則易撓○張預曰剛愎褊急之人可凌侮而致之楚子玉剛忿晉人執其使以怒之果從晉師遂爲所敗是也

廉潔可辱也

曹操曰廉潔之人可汙辱致之也○李筌曰矜疾之人可辱也○杜佑曰此言敵人若高壁固壘欲

老我師我勢不可留利在速戰揣知其將多忿急則輕侮而致之性本廉潔則汙辱之如諸葛孔明遺司馬仲達以巾幗欲使怒而出戰仲達忿怒欲濟師魏帝遣辛毗仗節以止之仲達之才猶不勝其忿況常才之人乎○梅堯臣曰徇名不顧○王晳同曹操註○張預曰清潔愛民之士可垢辱以撓之必可致也

愛民可煩也

曹操曰出其所必趨愛民者則必倍道兼行以救之救之則煩勞也○李筌曰攻其所愛必卷甲而

救愛其人乃可以討疲○杜牧曰言仁人愛民者惟恐殺傷不能捨短從長棄彼取此不度遠近不量事力凡爲我攻則必來救如此可以煩之令其勞頓而後取之也○陳皞曰兵有須救不必救者項羽救趙此須救也亞父委梁不必救也○賈林曰廉潔之人不好侵掠愛人之仁不好鬭戰辱而煩之其動必敗○梅堯臣曰力疲則困○王晳曰以奇兵若將攻城邑者彼愛民必數救則煩勞也○張預曰民雖可愛當審利害若無微不救無遠不援則出其所必趨使煩而困也

凡此五者將之過也用兵之災也

陳皥曰良將則不然不必死不必生隨事而用不忿速不耻辱見可如虎否則閉戶動靜以計不可喜怒也○梅堯臣曰皆將之失爲兵之凶○何氏曰將材古今難之其性往往失於一偏爾故孫子首篇言將者智信仁勇嚴貴其全也○張預曰庸常之將守一而不知變故取則於己爲凶於兵智者則不然雖勇而不必死雖怯而不必生雖剛而不可侮雖廉而不可辱雖仁而不可煩也

覆軍殺將必以五危不可不察也

賈林曰此五種之人不可任爲大將用兵必敗也

○梅堯臣曰當愼重焉○張預曰言須識權變不

可執一道也

孫子集註卷之八

孫子集註卷之九

行軍篇曹操曰擇便利而行也○王晳曰行軍當據地便察敵情也○張預曰知九地之變然後可以擇利而行軍故次九變

孫子曰凡處軍相敵

王晳曰處軍凡有四相敵凡三十有一○張預曰自絕山依谷至伏姦之所處則處軍之事也自敵近而靜至必謹察之則相敵之事也相猶察也料也

絕山依谷

曹操曰近水草利便也○李筌曰軍我敵彼也相

其依止則勝敗之數彼我之勢可知也絶山守險

也谷近水草夫列營壘必先分卒守隘縱畜牧收

樵採而後寧○杜牧曰絶過也依近也言行軍經

過山險須近谷而有水草之利也吳子曰無當天

竈大谷之口言不可當谷但近谷而處可也○賈

林曰兩軍相當敵宜擇利而動絶山跨山依谷傍

谷也跨山無後患依谷有水草也○梅堯臣曰前

爲山所隔則依谷以爲固○王晳曰絶度也依謂

附近耳曹公曰近水草便利也○張預曰絶猶越

也凡行軍越過山險必依附溪谷而居一則利水

草一則負險固後漢武都羌爲寇馬援討之羌在山上援據便地奪其水草不與戰羌窮困悉降羌不知依谷之利也

視生處高

曹操曰生者陽也○李筌曰向陽曰生在山曰高生高之地可居也○杜牧曰言須處高而面南也○陳皥曰若地有東西其法何如答曰然則面東也○賈林曰居陽曰生視生爲無蔽冒物色處軍當在高○杜佑曰高陽也視謂目前生地處軍當在高○梅堯臣曰若在陵之上必向陽而居處高

乗便也○張預曰視生謂面陽也處軍當在高阜

戰隆無登

曹操曰無迎高也○李筌曰敵自高而下我無登

而取之○杜牧曰隆高也言敵人在高我不可自

下往高迎敵人而接戰也一作戰降無登降下也

○賈林曰戰宜乗下不可迎高也○杜佑曰無迎

高也謂山下也戰於山下敵引之上山無登逐也

○梅堯臣曰敵處地之高不可登而戰○張預曰

敵處隆高之地不可登迎與戰一本作戰降無登

迎謂敵下山來戰引我上山則不可登迎

此處山之軍也
梅堯臣曰處山當知此三者○張預曰凡高而崇者皆謂之山處山拒敵以上三事爲法

絶水必遠水
曹操李筌曰引敵使渡○杜牧曰魏將郭淮在漢中蜀主劉備欲渡漢水來攻諸將議衆寡不敵欲依水爲陳以拒之淮曰此示弱而不足挫敵不如遠水爲陳引而致之半濟而後擊備可破也既列陳備疑不敢渡○梅堯臣曰前爲水所隔則遠水以引敵○王晳曰我絶水也曹說是也○張預曰

凡行軍過水欲舍止者必去水稍遠一則引敵使渡一則進退無礙郭淮遠水爲陳劉備悟之而不渡是也

客絶水而來勿迎之於水内令半濟而擊之利

李筌曰韓信殺龍沮於濰水夫槩敗楚子於清發是也○杜牧曰楚漢相持項羽自擊彭越令其大司馬曹咎守成臯漢軍挑戰咎涉汜水戰漢軍候半涉擊大破之水内乃汭也誤爲内耳○梅堯臣曰敵之方來迎於水濱則不渡○王晳曰内當作汭迎於水汭則敵不敢濟遠則趨利不及當得其

宜也○何氏曰如春秋時宋公及楚人戰于泓宋人既成列楚人未既濟司馬曰彼衆我寡及其未既濟也請擊之公曰不可既濟而未成列又以告公曰未可既陳而後擊之宋師敗績公傷股門官殲焉宋公違之故敗也吳伐楚楚師敗及清發將擊之夫槩王曰困獸猶鬭況人乎若知不免而致死必敗我若使先濟者知免後者慕之蔑有鬬心矣半濟而後可擊也從之又敗之魏將郭淮在漢中蜀主劉備欲渡漢水來攻時諸將等議曰衆寡不敵欲依水爲陳以拒之淮曰此則示弱而不足

以挫敵非筭也不如遠水爲陳引而致之半濟而後擊備可破也既陳備疑不敢渡唐武德中薛萬均與羅藝守幽燕竇建德率衆十萬寇范陽萬均謂藝曰衆寡不敵今若出鬬百戰百敗當以計取之可令羸兵弱馬阻水背城爲陳以誘之賊若渡水交兵請公精騎百人伏於城側待其半渡而擊之從之建德渡水萬均擊破之○張預曰敵若引兵渡水來戰不可迎之於水邊俟其半濟行列未定首尾不接擊之必勝公孫瓚敗黄巾賊於東光薛萬均破竇建德於范陽皆用此術也

欲戰者無附於水而迎客

曹操曰附近也○李筌曰附水迎客敵必不得渡而與我戰○杜牧曰言我欲用戰不可近水迎敵恐敵人疑我不渡也義與上同但客主詞異耳○杜佑曰附近也近水待敵不得渡也○梅堯臣曰必欲戰亦莫若遠水○王晳曰我利在戰則當差遠使敵必渡而與之戰也○張預曰我欲必戰勿近水迎敵恐其不得渡我不欲戰則阻水拒之使不能濟晉將陽處父與楚將子上夾泜水而軍陽子退舍欲使楚人渡子上亦退舍欲令晉師渡遂

皆不戰而歸

視生處高

曹操曰水上亦當處其高也前向水後當依高而處之○梅堯臣曰水上亦據高而向陽○王晳曰曹公曰水上亦當處其高晳謂　謂近水之地下曹註云恐漑我也疑當在此下○何氏曰視生向陽遠視也軍處高遠見敵勢則敵人不得潛來出我不意也○張預曰或岸邊為陳或水上泊舟皆須面陽而居高

無迎水流

曹操曰恐漑我也○李筌曰恐漑我也智伯灌趙襄子光武潰王尋迎水處高乃敗之○杜牧曰水流就下不可於卑下處軍也恐敵人開決灌浸我也上文云視生處高也諸葛武侯曰水上之陳不逆其流此言我軍舟船亦不可泊於下流言敵人得以乘流而薄我也○賈林曰水流之地可以漑吾軍可以流毒藥迎逆也一云逆流而營軍兵家所忌○梅堯臣曰無軍下流防其決灌舳艫之戰逆亦非便○王晳曰當乘上流魏曹仁征吳欲攻濡須洲中蔣濟曰賊據西岸列船上流而兵入洲

中是謂自内地獄危亡之道也仁不從而敗○何氏曰順流而戰則易爲力○張預曰卑地勿居恐決水溉我舟戰亦不可處下流以彼沿我泝戰不便也兼慮敵人投毒於上流楚令尹拒吳卜戰不吉司馬子魚曰我得上流何故不吉遂決戰果勝是軍須居上流也

此處水上之軍也

梅堯臣曰處水上當知此五者○張預曰凡近水爲陳皆謂水上之軍水上拒敵以上五事爲法

絶斥澤惟亟去無留

陳皞曰斥鹹鹵之地水草惡漸洳不可處軍新訓曰地固斥澤不生五穀者是也○賈林曰鹹鹵之地多無水草不可久留○梅堯臣曰斥遠也曠蕩難守故不可留○王晳曰斥鹵也地廣且下而無所依○張預曰刑法志云山川沈斥顏師古註曰沈深水之下斥鹹鹵之地然則斥澤謂瘠鹵漸洳之所也以其地氣濕潤水草薄惡故宜急過

若交軍於斥澤之中必依水草而背衆樹

遼中陳而立有頃即定此則能持重也

旌旗動者亂也

杜牧曰魯莊公敗齊于長勺曹劌請逐之公曰若何對曰視其轍亂而旗靡故逐之○杜佑曰旌旗謬動抵東觸西傾倚者亂也○梅堯臣曰旌旗輙動偃亞不次無紀律也○張預曰旌旗所以齊衆也而動搖無定是部伍雜亂也

吏怒者倦也

杜牧曰衆悉倦弊故吏不畏而忿怒也○陳皥曰將興不急之役故人人倦弊也○賈林曰人困則多怒○梅堯臣曰吏士倦煩怒不畏避也○張預曰政令不一則人情倦故吏多怒也晉楚相攻晉

裨將趙旃魏錡怒而欲敗晉軍皆奉命于楚郤克
曰二憾往矣弗備必敗是也
粟馬肉食軍無懸缻不返其舍者窮寇也
一云殺馬肉食者軍無糧也軍無懸缻不返其舍
者窮寇也○李筌曰殺其馬而食肉故曰軍無糧
也不返舍者窮迫不及竈也○杜牧曰粟馬言以
糧穀秣馬也肉食者殺牛馬饗士也軍無懸缻者
悉破之示不復炊也不返其舍者晝夜結部伍也
如此皆是窮寇必欲決一戰爾缻音府炊器也○
梅堯臣曰給糧以秣乎馬殺畜以饗乎士棄缻不

復炊㬥露不返舍是欲決戰而求勝也○王晳曰粟馬肉食所以爲力且久也軍無缻不復飲食也不返舍無回心也皆謂以死決戰耳敵如此者當堅守以待其弊也○張預曰捐糧穀以秣馬殺牛畜以饗士破釜及缻不復炊爨㬥露兵衆不復反舍茲窮寇也孟明焚舟楚軍破釜之類是也

諄諄翕翕徐與人言者失衆也

曹操曰諄諄語皃翕翕失志皃○李筌曰諄諄翕翕竊語皃士卒之心恐上則私語而言是失衆也○杜牧曰諄諄者乏氣聲促也翕翕者顛倒失次

貌如此者憂在內是自失其衆心也○賈林曰諄諄竊議貌翕翕不安貌徐與人言遞相問貌如此者必散失部曲也○梅堯臣曰諄諄吐誠懇也翕翕曠職事也緩言彊安恐衆離也○王晳曰諄諄語誠懇之貌翕翕者患其上也將失人心則衆相與語誠懇而患其上也○何氏曰兩人竊語誹議主將者也○張預曰諄諄語也翕翕聚也徐緩也言士卒相聚私語低緩而言以非其上是不得衆心也

數賞者窘也

李筌曰窘則數賞以勸進○杜牧曰勢力窮窘恐衆爲叛數賞以悅之○孟氏曰軍實窘也恐士卒心怠故别行小惠也○梅堯臣曰勢窮憂叛離屢賞以悅衆○王晳曰衆窘而不和裕則數賞以悅之○張預曰勢窘則易離故屢賞以撫士

數罰者困也

李筌曰困則數罰以勵士○杜牧曰人力困弊不畏刑罰故數罰以懼之○梅堯臣曰人弊不堪命屢罰以立威○王晳曰衆困而不精勤則數罰以脅之也○張預曰力困則難用故頻罰以畏衆

先暴而後畏其衆者不精之至也

曹操曰先輕敵後聞其衆則心惡之也○李筌曰先輕後畏是勇而無戰者不精之甚也○杜牧曰料敵不精之甚○賈林曰教令不能分明士卒又非精練如此之將先欲彊暴伐人衆悖則懼也至懦之極也○梅堯臣曰先行乎嚴暴後畏其衆離訓罰不精之極也○王晳曰敵先行列暴後畏其衆離爲將不精之甚也○何氏曰寬猛相濟精於將事也○張預曰先輕敵後畏人或曰先刻暴御下後畏衆叛已是用威行愛不精之甚故上文以

數賞數罰而言也
來委謝者欲休息也
李筌曰徐前而疾後曰委謝○杜牧曰所以委質來謝此乃勢已窮或有他故必欲休息也○賈林曰氣委而言謝者欲求兩解○杜佑曰戰未相伏而下意氣相委謝者欲休息也○梅堯臣曰力屈欲休兵委質以來謝○王晳曰勢不能久張預曰以所親愛委質來謝是勢力窮極欲休兵息戰也
兵怒而相迎久而不合又不相去必謹察之
曹操曰備奇伏也○李筌曰是軍必有奇伏須謹

察之○杜牧曰盛怒出陳久不交刃復不解去有所待也當謹伺察之恐有奇伏旁起也○孟氏曰備有别應○梅堯臣曰怒而來逆我久而不接戰且又不解去必有奇伏以待我此以上論敵情○張預曰勇怒而來既不合戰又不引退當密伺之必有奇伏也

兵非益多也

曹操曰權力均一云兵非貴益多○賈林曰不貴衆擊寡所貴寡擊衆○王晳曰晳謂權力均足矣不以多爲益○張預曰兵非增多於敵謂權力均

也

惟無武進

曹操曰未見便也○賈林曰武不足專進專進則暴○王晳曰不可但恃武也當以牧曰貞元三年吐蕃首領尚結贊因侵掠河曲遇疫癘人馬死者太半恐不得回乃詐與侍中馬燧欵懇因奏請盟會燧乃盟之時河中節度使渾瑊奏曰若國家勒兵境上以謀伐爲計蕃戎請盟亦聽信之今吐蕃無所求於國家遽請盟會必恐不實上不納渾瑊率衆二萬屯涇州平涼縣盟壇在縣西三十里五

月十三日瑊率三千人會壇所吐蕃果衷甲劫盟焉○陳皥曰因盟相劫不獨國朝晉楚會於宋楚人衷甲欲襲晉晉人知之是以失信也今言無約而請和蓋總論兩國之師或侵或伐彼我皆未屈弱而無故請和好者此必敵人國內有憂危之事欲爲苟且暫安之計不然則知我有可圖之勢欲使不疑先求和好然後乘我不備而來取也石勒之破王浚也先寄爲和好又臣服於浚知浚不疑乃請修朝覲之禮浚許之及入因誅浚而滅之○杜佑曰未有要約而便來請和有間諜也○梅堯

臣曰無約請和必有姦謀○王晳曰無故驟請和者宜防他謀也○張預曰無故請和必有姦謀漢高祖欲擊秦軍使酈食其持重寶啗其將賈豎秦將果欲連和高祖因其怠而擊之秦師大敗又晉將李矩守滎陽劉暢以三萬人討之矩遣使奉牛酒請降潛匿精兵見其弱卒暢大饗士卒人皆醉飽矩夜襲之暢僅以身免

奔走而陳兵車者期也

李筌曰戰有期及將用是以奔走之○杜牧曰上文輕車先出居其側者陳也蓋先出車定戰場界

立旗爲表奔走赴表以爲陳也旗者期也與民期於下也周禮大蒐曰車驟徒趨及表乃止是也○賈林曰尋常之期不合奔走必有遠兵相應有晷刻之期必欲合勢同來攻我宜速備之○梅堯臣曰立旗爲表奔以赴列○王晳曰陳而期民將求戰也○張預曰立旗爲表與民期於下故奔走以赴之周禮曰車驟徒趨及表乃止是也

半進半退者誘也

李筌曰散於前○杜牧曰僞爲雜亂不整之狀誘我使進也○梅堯臣曰進退不一欲以誘我○王

晳曰詭亂形也○張預曰詐爲亂形是誘我也若吴子以囚徒示不整以誘楚師之類也

杖而立者飢也

李筌曰困不能齊○杜牧曰不食必困故杖也一本從此仗字○杜佑曰倚仗矛戟而立者飢之意○梅堯臣曰倚兵而立者足見飢弊之色○王晳曰倚杖者困餒之相○張預曰凡人不食則困故倚兵器而立三軍飲食上下同時故一人飢則三軍皆然

汲而先飲者渴也

李筌曰汲未至先飲者士卒之渴○杜牧曰命之汲水未汲而先取者渴也覩一人三軍可知也○梅堯臣同杜牧註○王晳曰以此見其衆行驅飢渴也○張預曰汲者未及歸營而先飲水是三軍渴也

見利而不進者勞也

曹操曰士卒之疲勞也○李筌曰士卒難用也○杜佑曰士疲倦也敵人來見我利而不能擊進者疲勞也○梅堯臣曰人其困乏何利之趨○張預曰士卒疲勞不可使戰故雖見利將不敢進也

鳥集者虛也

李筌曰城上有烏師其遁也○杜牧曰設留形而遁齊與晉相持叔向曰烏烏之聲樂齊師其遁後周齊王憲伐高齊將班師乃以柏葉爲幕燒糞壤去高齊視之二日乃知其空營追之不及此乃設留形而遁走也○陳皥曰此言敵人若去營幕必空禽鳥既無畏乃鳴集其上楚子元伐鄭將奔諜者告曰楚幕有烏乃止則知其是設留形而遁也此篇蓋孫子辯敵之情偽也○杜佑曰敵大作營壘示我衆而烏集止其中者虛也○梅堯臣曰敵

人既去營壘空虛烏鳥無猜來集其上○張預曰

凡敵潛退必奔營幕禽鳥見空鳴集其上楚伐鄭

鄭人將奔諜告曰楚幕有烏乃止又晉伐齊叔向

曰城上有烏齊師其遁此乃設留形而遁也

夜呼者恐也

曹操曰軍士夜呼將不勇也○李筌曰士卒怯而

將懦故驚恐相呼○杜牧曰恐懼不安故夜呼以

自壯也○陳皥曰十人中一人有勇雖九人怯懦

恃一人之勇亦可自安今軍士夜呼蓋是將無勇

曹説是也○孟氏同陳皥註○張預曰三軍以將

爲主將無膽勇不能安衆故士卒恐懼而夜呼若晉軍終夜有聲是也

軍擾者將不重也

李筌曰將無威重則軍擾○杜牧曰言進退舉止輕佻率易無威重軍士亦擾亂也○陳皞曰將法令不嚴威容不重士因以擾亂也○梅堯臣同陳皞註○張預曰軍中多驚擾者將不持重也張遼屯長社夜軍中忽亂一軍盡擾遼謂左右勿動是必有造變者欲以動亂人耳乃令軍士安坐曹操曰結草爲障欲使我疑也○杜牧曰言敵人或營

壘未成或拔軍潛去恐我來追或爲掩襲故結草
使往往相聚如有人伏藏之狀使我疑而不敢進
也賈林曰結草多爲障蔽者欲使我疑之於中兵
必不實欲別爲攻襲宜審備之○杜佑曰結草多
障欲使我度稠草中多障蔽者敵必避去恐追及
多作障蔽使人疑有伏焉○張預曰或敵欲追我
多爲障蔽設留形而遁以避其追或欲襲我叢聚
草木以爲人也使我備東而擊西皆所以爲疑也
鳥起者伏也
曹操曰鳥起其上下有伏兵○李筌曰藏兵曰伏

○杜佑曰下有伏兵往藏觸鳥而驚起也○張預曰鳥適平飛至彼忽高起者下有伏兵也

獸駭者覆也

曹操曰敵廣陳張翼來覆我也○李筌曰不意而至曰覆○杜牧曰凡敵欲覆我必由他道險阻林木之中故驅起伏獸駭逸也覆者來襲我也○陳皥曰覆者謂隱於林木之內潛來掩我候兩軍戰酣或出其左右或出其前後若驚駭伏獸也○梅堯臣曰獸驚而奔旁有覆○張預曰凡欲掩覆人者必由險阻草木中來故驚起伏獸奔駭也

塵高而銳者車來也

杜牧曰車馬行疾仍須魚貫故塵高而尖○杜佑曰車馬行疾塵相衝故高也○梅堯臣曰蹄輪勢重塵必高銳○張預曰車馬行疾而勢重又轍迹相次而進故塵埃高起而銳直也凡軍行須有探候之人在前若見敵塵必馳報主將如潘黨望晉塵使騁而告是也

卑而廣者徒來也

杜牧曰步人行遲可以竝列故塵低而闊也○梅堯臣曰人步低輕塵必卑廣○王晳曰車馬起塵

猛步人則差緩也○張預曰徒步行緩而迹輕又行列踈遠故塵低而來

散而條達者樵採也

李筌曰煙塵之候晉師伐齊曳柴從之齊人登山望而畏其衆乃夜遁薪來即其義也此筌以樵採二字爲薪來字○杜牧曰樵採者各隨所向故塵埃散衍條達縱横斷絶貌也○梅堯臣曰樵採隨處塵必縱横○王晳曰條達纖微斷續之貌○張預曰分遣厮役隨處樵採故塵埃散亂而成遂道

少而往來者營軍也

杜牧曰欲立營壘以輕兵往來爲斥候故塵少也○梅堯臣曰輕兵定營往來塵少○張預曰凡分柵營者必遣輕騎四面近視其地欲周知險易廣狹之形故塵微而來

辭卑而益備者進也

曹操曰其使來卑辭使間視之敵人增備也○杜牧曰言敵人使來言辭卑遜復增壘塗壁若懼我者是欲驕我使懈怠必來攻我也趙奢救閼與去邯鄲三十里增壘不進秦間來必善食遣之間以報秦將秦將果大喜曰閼與非趙所有矣奢既遣

秦間乃倍道兼行掩秦不備擊之遂大破秦軍也○梅堯臣曰欲進者外則卑辭內則益備欵我也○張預曰使來辭遜敵復增備欲驕我而後進也田單守即墨燕將騎劫圍之單身操版插與士卒分功使妻妾編行伍之間散食饗士乃使女子乘城約降燕大喜又收民金千鎰令富豪遺使遺燕將書曰城即降願無虜妻妾燕人益懈乃出兵擊大破之

辭彊而進驅者退也

曹操曰詭詐也○杜牧曰吳王夫差北征會晉定

公於黃池越王句踐伐吳吳晉方爭長未定吳王懼乃合大夫而謀曰無會而歸與會而先晉孰利王孫雒曰必會而先之吳王曰先之若何雒曰今夕必挑戰以廣民心乃能至也於是吳王以帶甲三萬人去晉軍一里聲動天地晉使董褐視之吳王親對曰孤之事君在今日不得事君亦在今日董褐曰臣觀吳王之色類有大憂吳將毒我不可與戰乃許先歃吳王既會遂還焉○杜佑曰詭詐驅馳示無所畏是知欲退也○梅堯臣曰欲退者使既詞壯兵又彊進脅我也○王晳曰辭彊示進

形欲我不虞其去也○張預曰使來辭壯軍又前進欲脅我而求退也秦行人夜戒晉師曰兩軍之士皆未憖也來日請相見晉臾駢曰使者目動而言肆懼我也秦果宵遁

輕車先出居其側者陳也

曹操曰陳兵欲戰也○杜牧曰出輕車先定戰陳疆界也○賈林曰輕車前禦欲結陳而來也○張預曰輕車戰車也出軍其旁陳兵欲戰也按魚麗之陳先偏後伍言以車居前以伍次之然則是欲戰者車先出其側也

無約而請和者謀也

李筌曰無質盟之約請和者必有謀於人田單詐騎劫紀信誑項羽即其義也○杜水欲漲沫先至皆爲絶軍當待其定也○梅堯臣曰流沫未定恐有暴漲○王晳曰水漲則沫涉步濟也曹說是也○張預曰渡未及畢濟而大水忽至也沫謂水上泡漚

凡地有絶澗

前後嶮峻水橫其中

天井

四面峻坂澗壑所歸

天牢

三面環絶易入難出

天羅

草木蒙密鋒鏑莫施

天陷

卑下汙濘車騎不通

天隙

兩山相向洞道狹惡六害皆梅堯臣注

必亟去之勿近也

曹操曰山深水大者爲絶澗中方高中央下爲天井深山所過若蒙籠者爲天牢可以羅絶人者爲天羅地形陷者爲天陷山澗道迫狹地形深數尺長數丈者爲天隙○杜牧曰軍讖曰地形㘭下大水所及謂之天井山澗迫狹可以絶人謂之天牢澗水澄闊不測淺深道路泥濘人馬不通謂之天陷地多溝坑坎陷木石謂之天隙林木隱蔽蒹葭深遠謂之天羅○賈林曰兩岸深闊斷人行爲絶澗下中之下爲天井四邊澗險水草相兼中央傾側出入皆難爲天牢道路崎嶇或寛或狹細澀難

行爲天羅地多沮洳爲天陷兩邊險絶形狹長而數里中間難通人行可以絶塞出入爲天隙此六害之地不可近背也○梅堯臣曰六害尚不可近況可留乎○王晳曰晳謂絶澗當作絶天澗脫天字耳此六者皆自然之形也牢謂如獄牢羅謂如網羅也陷謂溝坑淤濘之屬隙謂木石若隙罅之地軍行過此勿近不然則脫有不虞智力無所施也○張預曰谿谷深峻莫可過者爲絶澗外高中下衆水所歸者爲天井山險環繞所入者隘爲天牢林木縱横葭葦隱蔽者爲天羅陂池泥濘漸車

凝騎者爲天陷道路迫狹地多坑坎者爲天隙凡遇此地宜遠過不可近之

吾遠之敵近之吾迎之敵背之

曹操曰用兵常遠六害令敵近背之則我利敵凶○李筌曰善用兵者致敵之受害之地也○杜牧曰迎向也背倚也言遇此六害之地吾遠之向之則進止自由敵人近之倚之則舉動有阻故我利而敵凶也○梅堯臣曰言六害當使我遠而敵附我向而敵倚則我利敵凶○張預曰六害之地我旣遠之向之敵自近之倚之我則行止有利彼則

進退多凶也

軍行有險阻潢井葭葦山林蘙薈者必謹覆索之此伏姦之所處也

曹操曰險者一高一下之地阻者多水也潢者池也井者下也葭葦者衆草所聚山林者衆木所居也蘙薈者可屛蔽之處也此以上論地形也以下相敵情也○李筌曰以下恐敵之竒伏譎詐也○梅堯臣曰險阻隘也山林之所產潢井下也葭葦之所生皆蘙薈足以蒙蔽當掩捜恐有伏兵○張預曰險阻丘阜之地多生山林潢井卑下之處多

蘆葭葦皆翳薈可以蒙蔽必降索之恐兵伏其中
又慮姦細潛隱覘我虛實聽我號令伏姦當爲兩
事
敵近而靜者恃其險也
梅堯臣曰近而不動倚險故也○王晳曰恃險故
不恐也
遠而挑戰者欲人之進也
杜牧曰若近以挑我則有相薄之勢恐我不進故
遠也○陳皥曰敵人相近而不挑戰恃其守險也
若遠而挑戰者欲誘我使進然後乘利而奮擊也

○梅堯臣同陳皥註○王晳曰欲致人也挑謂適驍敵求戰○張預曰兩軍相近而終不動者倚恃險固也兩軍相遠而數挑戰者欲誘我之進也尉繚子曰分險者無戰心言敵人先分得險地則我勿與之戰也又曰挑戰者無全氣言相去遠則挑戰而延誘我進即不可以全氣擊之與此法同也

其所居易者利也

曹操曰所居利也○李筌曰居易之地致人之利○杜牧曰言敵不居險阻而居平易必有以便利於事也一本云士爭其所居者易利也○陳皥曰

言敵人得其地利則將士爭以居之也○賈林曰敵之所居地多便利故挑我使前就已之便戰則易獲其利愼勿從之也○梅堯臣曰所居易利故來挑戰○王晳同曹操註○張預曰敵人捨險而居易者必有利也或曰敵欲人之進故處於平易以示利而誘我也

衆樹動者來也

曹操曰斬伐樹木除道進來故動○梅堯臣同曹操註○張預曰凡軍必遣善視者登高覘敵若見林木動搖者是斬木除道而來也或曰不止除道

亦將爲兵器也若晉人伐木益兵是也

衆草多障者疑也

曹操曰不得已與敵會於斥澤中○李筌曰急過不得戰必依水背樹夫有水樹其地無陷溺也○杜牧曰斥鹵之地草木不生謂之飛鋒言於此忽遇敵卽須擇有水草林木而止之○杜佑曰一本作背衆木言不得已與敵戰而會斥澤之中當背稠樹以為固守蓋地利兵之助也○梅堯臣曰不得已而會敵則依近水草背倚衆木○王晳曰猝與敵遇於此亦必就利而背固也○張預曰不得

已而會兵於此地必依近水草以便樵汲背倚林木以為險阻

此處斥澤之軍也

梅堯臣曰處斥澤當知此二者○張預曰處斥澤之地以上二事為法

平陸處易

曹操曰車騎之利也○杜牧曰言於平陸必擇就其中坦易平穩之處以處軍使我車騎得以馳逐○王晳同曹操註○何氏同杜牧註○張預曰平原廣野車騎之地必擇其坦易無坎陷之處以居

軍所以利於馳突也

而右背高前死後生

曹操曰戰便也○李筌曰夫人利用皆便於右是以背之前死致敵之地後生我自處○杜牧曰太公曰軍必左川澤而右丘陵死者下也生者高也下不可以禦高故戰便於軍馬也○賈林曰岡阜曰生戰地曰死後岡阜處軍穩前臨地用兵便高在右回轉順也○梅堯臣曰擇其坦易車騎便利右背丘陵勢則有憑前低後隆戰者所便○王晳曰凡兵皆宜向陽既後背山即前生後死疑文誤

也○張預曰雖是平陸須有高阜必右背之所以
恃為形勢者也前低後高所以便乎奔擊也
此處平陸之軍也
梅堯臣曰處平陸當知此二者○張預曰居平陸
之地以上二事為法
凡此四軍之利
李筌曰四者山水斥澤平陸也○張預曰山水斥
澤平陸之四軍也諸葛亮曰山陸之戰不升其高
水上之戰不逆其流草上之戰不涉其深平地之
戰不逆其虛此兵之利也

黃帝之所以勝四帝也

曹操曰黃帝始立四方諸侯無不稱帝以此四地勝之也○李筌曰黃帝始受兵法於風后而滅四方故曰勝四帝也○梅堯臣曰四帝當為四軍字之誤歟言黃帝得四者之利處山則勝山處水上則勝水上處斥澤則勝斥澤處平陸則勝平陸也○王晳曰四帝或曰當作四軍曹公曰黃帝始立四方諸侯無不稱帝以此四地勝之也一本無作亦○何氏曰梅氏之說得之○張預曰黃帝始立四方諸侯亦稱帝以此四地勝之按史記黃帝紀

云與炎帝戰於阪泉與蚩尤戰於涿鹿北逐葷粥又太公六韜言黃帝七十戰而定天下此即是有四方諸侯戰也兵家之法皆始於黃帝故云然也

凡軍好高而惡下

梅堯臣曰高則爽塏所以安和亦以便勢下則卑濕所以生疾亦以難戰○王晳曰有降無登且遠水患也○張預曰居高則便於覘望利於馳逐處下則難以爲固易以生疾

貴陽而賤陰

梅堯臣曰處陽則明順處陰則晦逆○王晳曰久

處陰濕之地則生憂疾且弊軍器也○張預曰東南為陽西北為陰

養生而處實

曹操曰恃滿實也養生向水草可放牧養畜乘實猶高也○梅堯臣曰養生便水草處實利糧道○王晳曰養生謂水草糧糒之屬處實者倚固之謂○張預曰養生謂就善水草放牧也處實謂倚隆高之地以居也

軍無百疾是謂必勝

李筌曰夫人處卑下必癘疾惟高陽之地可居也

○杜牧曰生者陽也實者高也言養之於高則無卑濕陰翳故百疾不生然後必可勝也○梅堯臣曰能知上三者則勢勝可必疾氣不生○張預曰居高面陽養生處厚可以必勝地氣乾燥故疾癘不作

丘陵隄防必處其陽而右背之

杜牧曰凡遇丘陵隄防之地常居其東南也○梅堯臣曰雖非至高亦當前向明而右倚實○王晳曰處陽則人舒以和器健以利也○張預曰面陽所以貴明顯背高所以為險固

此兵之利地之助也
梅堯臣曰兵所利者得形勢以為助○張預曰用兵之利得地之助
上雨水沫至欲涉者待其定也
曹操曰恐半涉而水遽漲也○李筌曰恐水暴漲○杜牧曰言過溪澗見上流有沫此乃上源有雨待其沫盡水定乃可涉不爾半涉恐有暴水卒至也○杜佑曰恐半渡水而遂漲上雨水當淸而反濁沫至此敵人擁遏水之占也欲以中絶軍凡地有計智料敵而行○張預曰武剛也未能用剛武

以輕進謂未見利也

足以併力料敵取人而已

曹操曰厮養足也○李筌曰兵衆武用力均惟得人者勝也○杜牧曰言我與敵人兵力皆均惟未能用武前進者蓋未得見其人也但能於厮養之中揀擇其材亦足幷力料敵而取勝不假求於他也○陳皞曰言我兵力不多於敵又無利便可進不必他國乞師但於厮養中併力取人亦可破敵也○賈林曰雖無武勇之力而輕進足以智謀料敵併力而取敵人也○梅堯臣曰武繼也兵雖不

足以繼進足以幷給役廝養之力量敵而取勝也○王晳曰晳謂善分合之變者足以併力乘敵間取勝人而已故雖廝養之輩可也況精兵乎曹說是也○張預曰兵力既均又未見便雖未足剛進足以取人於廝養之中以幷兵合力察敵而取勝不必假他兵以助己故尉繚子曰天下助卒名為十萬其實不過數萬其兵來者無不謂其將曰無為天下先戰此言助卒無益不如己有兵法也

夫惟無慮而易敵者必擒於人

杜牧曰無有深謀遠慮但恃一夫之勇輕易不顧

者必爲敵人所擒也○陳皡曰惟猶獨也此言殊
無遠慮但輕敵者必爲其所擒不獨言其勇也左
傳曰蜂蠆有毒而況國乎則小敵亦不可輕○王
晳曰唯不能料敵但以武進則必爲敵所擒明患
不在於不多也○張預曰不能料人反輕敵以武
進必爲人所擒也齊晉相攻齊侯曰吾姑滅此而
朝食不介馬而馳之爲晉所敗是也
卒未親附而罰之則不服不服則難用也
杜牧曰恩信未洽不可以刑罰齊之○梅堯臣曰
傳上世德以至之恩以親之恩德未敷罰則不服

故慾而難使○王晳曰恩信非素浹洽於人心未附也○張預曰驟居將帥之位恩信未加於民而遽以刑法齊之則怒恚而難用故田穰苴曰臣素卑賤士卒未附百姓不信又伍參曰晉之從政者新未能行令是也

卒已親附而罰不行則不可用也

曹操曰恩信已洽若無刑罰則驕情難用也○梅堯臣曰恩德既洽刑罰不行則驕不可用○王晳曰所謂若驕子也○張預曰恩信素洽士心已附刑罰寬緩則驕不可用也

故令之以文齊之以武

曹操曰文仁也武法也○李筌曰文仁恩武威罰○杜牧曰晏子舉司馬穰苴文能附衆武能威敵也○王晳曰吴起云總文武者軍之將兼剛柔者兵之事也

是謂必取

杜牧曰文武既行必也取勝○梅堯臣曰令以仁恩齊以威刑恩威竝著則能必勝○張預曰文恩以悦之武威以肅之畏愛相兼故戰必勝攻必取

或問曰書云威克厥愛允濟愛克厥威允罔功言

先威也孫武先愛何也曰書之所稱仁人之兵也王者之於民恩德素厚人心已附及其用之惟患乎寡威也武之所陳戰國之兵也霸者之於民法令素酷人心易離及其用之惟患乎少恩也

令素行以教其民則民服

梅堯臣曰素舊也威令舊立教乃聽服○張預曰將令素行其民已信教而用之人人聽服

令不素行以教其民則民不服

王晳曰民不素教難卒為用○何氏曰人既失訓安得服教

令素行者與衆相得也
杜牧曰素先也言為將居常無事之時須恩信威
令先著於人然後對敵之時行令立法人人信伏
韓信曰我非素得拊循士大夫所謂驅市人而戰
也所以使之背水令其人人自戰以其非素受恩
信威令之從也○陳皥曰晉文公始入國教其民
二年欲用之子犯曰民未知義未安其居此言欲
令民不苟其生也於是出定襄王此言示以事君
之大義入務利民民懷生矣又將用之子犯曰民
未知信未宣其用於是伐原以示之信此言在往

年伐原不貪其利而守其信民易資者不求豐焉此言人無貪詐也明徵其辭公曰可矣子犯曰民未知禮未生其恭於是大蒐以示之禮及戰之時少長有禮其可用也此五者教人之本也夫令要在先申使人聽之不惑法要在必行使人守之無輕信者也三令五申示人不惑也法令簡當議在必行然後可以與衆相得也○梅堯臣曰信服已久何事不從○王晳曰知此者始可言其并力勝敵矣○張預曰上以信使民民以信服上是上下相得也尉繚子曰令之之法小過無更小疑無申

言號令一出不可反易自非大過大疑則不須更改申明所以使民信也諸葛亮與魏軍戰以寡對衆卒有當代者不留而遣之曰信不可失於是人人願留一戰遂大敗魏兵是也

孫子集註卷之九

孫子集註卷之十

地形篇曹操曰欲戰審地形以立勝也○李筌曰軍出之後必有地形變動○王晳曰地利當周知險隘支挂之形也○張預曰凡軍有所行先五十里内山川形勢使軍士伺其伏兵將乃自行視地之勢因而圖之知其險易故行師越境審地形而立勝故次行軍

孫子曰地形有通者

梅堯臣曰道路交達

有挂者

梅堯臣曰網羅之地往必掛綴

有支者

梅堯臣曰相持之地

有隘者

梅堯臣曰兩山通谷之間

有險者

梅堯臣曰山川丘陵也

有遠者

曹操曰此六者地之形也○梅堯臣曰平陸也○

杜佑曰此六地之名教民居之得便利則勝也○

張預曰地形有此六者之别也

我可以往彼可以來曰通

杜佑曰謂俱在平陸往來通利也○張預曰俱在平陸往來通達

通形者先居高陽利糧道以戰則利

曹操曰寧致人無致於人○李筌曰先之以待敵○杜牧曰通者四戰之地須先據高陽之處勿使敵人先得而我後至也利糧道者每於津阸或敵人要衝則築壘或作甬道以護之○賈林曰通利者無有岡坂亦無要害故兩通往來處高易于望候向陽視生通糧道便易轉運於此利於戰也○杜佑曰寧致人無致於人已先據高地分爲屯守

於歸來之路無使敵絶已糧道也○梅堯臣曰先據高陽利糧通陀敵人來至我戰則利○王晳註同曹操○何氏同杜佑註○張預曰先處戰地以待敵則致人而不致於人我雖居高面陽坐以致敵亦慮敵人不來赴戰故須使糧餉不絶然後爲利

可以往難以返曰挂

杜佑曰挂者牽挂也

挂形者敵無備出而勝之敵若有備出而不勝難以返不利

李筌曰往難以返曰挂○杜牧曰挂者險阻之地
與敵共有犬牙相錯動有挂礙也往攻敵敵若無
備攻之必勝則雖與險阻相錯敵人已敗不得復
邀我歸路矣若往攻敵人敵人有備不能勝之則
爲敵人守險阻邀我歸路難以返也○陳皥曰不
得已陷在此則須爲持久之計掠取敵人之糧以
伺利便而擊之○杜佑曰敵無備出攻之勝可也
有備不得勝之則難還返也○梅堯臣曰出其不
意往則獲利若其有備往必受制○張預曰察知
敵情果爲無備一舉而勝之則可矣若其有備出

而弗克欲戰則不可留欲歸則不得返非所利也

我出而不利彼出而不利曰支

杜佑曰支久也俱不便久相持也○張預曰各守險固以相支持

支形者敵雖利我我無出也引而去之令敵半出而擊之利

李筌曰支者兩俱不利如挂之形故各分其勢○杜牧曰支者我與敵人各守高險對壘而軍中有平地狹而且長出軍則不能成陳遇敵則自下禦上彼我之勢俱不利便如此則堂堂引去伏卒待

之敵若躡我候其半出發兵擊之則利若敵人先去以誘我我不可出也○陳皥曰此說理繁而語倒但彼此出軍地形不便敵若設利誘我而去我愼勿追之我若引去敵止則已若來襲我候其半出則急擊之○賈林曰支者隔險阻可以相要截足得相支持故不利先出也○杜佑曰利利我也佯背我去我無出逐待其引而擊之可敗也○梅堯臣曰各居所險先出必敗利而誘我我不可愛僞去引敵半出而擊○王晳曰敵不肯至則設奇伏而退且詭之令必出○張預曰利我謂佯背我

去也不可出攻我捨險則反爲所乘當自引去敵
若來追伺其半出行列未定鋭卒攻之必獲利焉
李靖兵法曰彼此不利之地引而佯去待其半出
而邀擊之
險形者我先居之必盈之以待敵
杜佑曰盈滿也以兵陳滿險形欲使敵不得進退
也
若敵先居之盈而勿從不盈而從之
曹操曰險形者兩山間通谷也敵勢不得撓我也
我先居之必前齊險口陳而守之以出奇也敵若

先居此地齊口陳勿從也即半隘陳者從之而與敵共此利也○李筌曰盈平也敵先守隘我去之趙不守井陘之口韓信下之陳豨不守漳水高祖下之是也○杜牧曰盈者滿也言遇兩山之間中有通谷則須當山口爲營與兩山口齊如水之在器而盈滿也○杜佑曰謂齊口亦滿也如水之滿器與口齊也若我居之平易險阻皆制在我然後出奇以制敵若敵人據隘之半不知齊口滿盈之道我則入隘以從之蓋敵亦在隘我亦在隘俱得地形勝敗在我不在地形也夫齊口盈滿之術非

惟隘形獨解有口譬如平坡迴澤車馬不通舟楫不勝中有一逕亦須據其路口使敵不得進也諸可知矣○陳皥曰隘口言陳是也言營非也○賈林曰從逐也盈實也敵若實而滿之則不可逐討若虛而無備則入而討之○梅堯臣同杜牧註○王晳同曹操註○張預曰左右高山中有平谷我先至之必齊滿山口以爲陳使敵不得進也我可以出奇兵彼不能以撓我敵若先居此地盈塞隘口而陳者不可從也若雖守隘口俱不齊滿者入而從之與敵共此險阻之利吳起曰無當天竈天

竈者大谷之口言不可迎隘口而居之也

險形者我先居之必居高陽以待敵

杜佑曰居高陽之地以待敵人敵人從其下陰而來擊之則勝

若敵先居之引而去之勿從也

曹操曰地形險隘尤不可致於人○李筌曰若險阻之地不可後於人杜牧曰險者山峻谷深非人力所能作爲必居高陽以待敵若敵人先據之必不可以爭則當引去陽者南面之地恐敵人持久我居陰而生疾也今若於崤澠遇敵則先據北山

此乃是面陰而背陽也高陽二者止可捨陽而就高不可捨高而就陽孫子乃統而言之也○杜佑曰地險先據則不致於人也○梅堯臣曰先得險固居高就陽待敵則强敵苟先之就戰則殆引去勿疑○王晳曰此亦爭地若唐太宗先據武牢以待竇建德是也○張預曰平陸之地尚宜先據況險阨之所豈可以致於人故先處高陽以佚待勞則勝矣若敵已據此地宜速引退不可與戰裴行儉討突厥嘗際晚下營塹壘方周忽令移就崇岡將士不悅以謂不可勞衆行儉不從速令從之是

夜風雨暴至前設營所水深丈餘將吏驚服以此觀之居高陽不惟戰便亦無水潦之患也

遠形者勢均難以挑戰戰而不利

曹操曰挑戰者延敵也○李筌曰力敵而挑則利未可知也○杜牧曰譬如我與敵壘相去三十里若我來就敵壘而延敵欲戰者是我困敵銳故戰者不利若敵來就我壘延我欲戰者是我佚敵勞敵亦不利故言勢均然則如何曰欲必戰者則移相近也○陳皞曰夫與敵營壘相遠兵力又均難以挑戰戰則不利故下文云勢均以一擊十曰走

是也夫挑戰先須料我兵衆强弱可以加敵則爲之不然則不可輕進自取敗也○孟氏曰兵勢既均我遠入挑則不利也○杜佑曰挑迎敵也遠形去國遠也地勢均等無獨便利先挑之戰不利也○梅堯臣曰勢既均一挑戰則勞致敵則佚○王晳曰以遠致我勞也○張預曰營壘相遠勢力又均止可坐以致敵不宜挑人而求戰也

凡此六者地之道也將之至任不可不察也

李筌曰此地形之勢也將不知者以敗○賈林曰天生地形可以目察○梅堯臣曰夫地形者助兵

立勝之本豈得不度也○張預曰六地之形將不
可不知
故兵有走者有弛者有陷者有崩者有亂者有北者
凡此六者非天之災將之過也
賈林曰走弛陷崩亂北皆敗壞大小變易之名也
○張預曰凡此六敗咎在人事
夫勢均以一擊十曰走
曹操曰不料力○李筌曰不量力也若得形便之
地用奇伏之計則可矣○杜牧曰夫以一擊十之
道先須敵人與我將之智謀兵之勇怯天時地利

飢飽勞佚十倍相懸然後可以奮一擊十若勢均力敵不能自料以我之一擊敵之十則須奔走不能返舍復爲駐止矣○梅堯臣曰勢雖均而兵甚寡以寡擊衆必走之道也○王晳曰不待鬭而走也○張預曰勢均謂將之智勇兵之利鈍一切相敵也夫體敵勢等自不可輕戰況奮寡以擊衆能無走乎

卒強吏弱曰弛

曹操曰吏不能統故弛壞○杜牧曰言卒伍豪強將帥懦弱不能驅率故弛坏壞散也國家長慶初

命田布帥魏以伐王廷湊布長在魏魏人輕易之數萬人皆乘驢行營布不能禁居數月欲合戰兵士潰散布自刭身死○賈林曰令之不從威之不服見敵則亂不壞何爲○梅堯臣曰吏無統率者則軍政弛壞○王晳同曹操註○何氏曰言卒伍豪强將帥懦弱不能驅領故弛拆壞散也○張預曰士卒豪悍將吏懦弱不能統轄約束故軍政弛壞也吳楚相攻吳公子光曰楚軍多寵政令不一帥賤而不能整無大威命楚可敗果大敗楚師也

吏强卒弱曰陷

曹操曰吏强欲進卒弱輙陷敗也○李筌曰陷敗也卒弱不一則難以爲戰是以强陷也○杜牧曰言欲爲攻取士卒怯弱不量其力强進之則陷没於死地也○陳皥曰夫人皆有血氣誰無鬬敵之心若將乏刑德士乏訓練則人皆懦怯不可用也○賈林曰士卒皆羸皷之不進吏强獨戰徒陷其身也○梅堯臣曰吏雖强進不能激之以勇故陷於死○王晳曰爲下所陷○張預曰將吏剛勇欲戰而士卒素乏訓練不能齊勇同奮苟用之必陷於亡敗

大吏怒而不服遇敵懟而自戰將不知其能曰崩
曹操曰大吏小將也大將怒之而不厭服忿而赴
敵不量輕重則心崩壞○李筌曰將爲敵所怒不
料强弱驅士卒如命者必崩壞○杜牧曰春秋時
楚子伐鄭晉師救之伍參言於楚子曰晉之從政
者新未能行令其佐先縠剛愎不仁未肯用命其
三帥者專行不獲聽而無上衆無適從此行也晉
師必敗晉魏錡求公族未得而怒欲敗晉師請致
師不許請使許之遂往請戰而還趙旃求卿未得
請挑戰不許召盟許之與魏錡皆命而往郤克曰

二憾往矣弗備必敗隨會曰若二子怒楚楚人乘我喪師無日矣不如備之先縠曰不可隨會使鞏朔韓穿帥七覆於敖前故上軍不敗而中軍下軍果敗七覆七處伏兵也敖山名也○陳皥曰此大將無理而怒小將使之心內懷不服因緣怨怒遇敵便戰不顧能否所以大敗也○賈林曰自上墮下曰崩大吏小將不相壓伏崩壞之道將又不量已之能否不知卒之勇怯强與敵鬬自取賊害豈非自上而崩乎○梅堯臣曰小將心怒而不服遇敵怨懟而不顧自取崩敗者蓋將不知其能也○

王晳曰謂將怒不以理且不知禆佐之才激致其兇懟如山之崩壞也○何氏曰三軍同力上下一心則勝也○張預曰大凡百將一心三軍同力則能勝敵今小將恚怒而不服於大將之令意欲俱敗逢敵便戰不量能否故必崩覆晉伐秦荀偃行令是也曰雞鳴而駕唯余馬首是瞻欒書怒曰晉國之命未是有也遂棄之歸又趙穿惡史騈而逐秦魏錡怒晉師而乘楚

將弱不嚴教道不明吏卒無常陳兵縱橫曰亂

曹操曰為將若此亂之道也○李筌曰將或有一

於此亂之道也○杜牧曰言吏卒皆不拘常度故引兵出陳或縱或橫皆自亂之也○賈林曰威令旣不嚴明士卒則無常禀如此軍幕不亂何為謂將無嚴令賞罰不行之故○梅堯臣曰懦而不嚴則士無常檢教而不明則出陳縱橫不整亂之道也○王晳曰亂者不勝其敗○張預曰將弱不嚴謂將帥無威德也教道不明謂教閱無古法也吏卒無常謂將臣無久任也陳兵縱橫謂士卒無節制也為將若此自亂之道

將不能料敵以少合衆以弱擊強兵無選鋒曰北

曹操曰其勢若此必走之兵也○李筌曰軍敗曰北不料敵也○杜牧曰衛公李靖兵法有戰鋒隊言揀擇敢勇之士每戰皆爲先鋒司馬法曰選良次兵益人之强註曰勇猛勁捷戰不得功後戰必選於前當以激致其銳氣也東晉大將軍謝玄北鎮廣陵時符堅强盛玄多募勇勁劉牢之何謙諸葛侃高衡劉軌田洛孫無終等以驍猛應募玄以牢之領精銳爲前鋒百戰百勝號爲北府兵敵人畏之所向必克也○賈林曰兵鋒不選利鈍士卒不知勇怯如此用兵自取背道也○梅堯臣曰不

能量敵情以少當衆不能選精銳以弱擊強皆奔北之理也○何氏曰夫士卒疲勇不可混同爲一一則勇士不勸疲兵因有所容出而不戰自敗也故兵法曰兵無選鋒曰北昔齊以伎擊強魏以武卒奮秦以銳士勝漢有三河俠士劍客奇材吳謂之解煩齊謂之決命唐謂之跳盪是皆選鋒之別名也兵之勝術無先於此凡軍衆既具則大將勒諸營各選精銳之士須趫健出衆武藝軼格者部爲別隊大約十人選一人萬人選千人所選務寡要在必當擇腹心健將統率自大將親兵前鋒奇

伏之類皆品量配之也○張預曰設若奮寡以擊衆驅弱以敵强又不選驍勇之士使爲先鋒兵必敗北也凡戰必用精鋭爲前鋒者一則壯吾志一則挫敵威也故尉繚子曰武士不選則衆不强曹公以張遼爲先鋒而敗鮮卑謝玄以劉牢之領精鋭而拒苻堅是也

凡此六者敗之道也

陳皥曰一曰不量寡衆二曰本乏刑德三曰失於訓練四曰非理興怒五曰法令不行六曰不擇驍果此名六敗也

將之至任不可不察也
張預曰已上六事必敗之道
夫地形者兵之助也
杜牧曰夫兵之主在於仁義節制而已若得地形可以爲兵之助所以取勝也助一作易○陳皥曰天時不如地利○孟氏曰地利待人而險○賈林曰戰雖在兵得地易勝故曰兵之易也山可障水可灌高勝卑險勝平也○王晳曰兵道則在人○張預曰能審地形者兵之助耳乃末也料敵制勝者兵之本也

料敵制勝計險阨遠近上將之道也

杜牧曰饋用之費人馬之力攻守之便皆在險阨遠近也言若能料此以制敵乃爲將臻極之道○王晳曰料敵窮極之情險阨遠近之利害此兵道也○何氏曰知敵知地將軍之職○張預曰旣能料敵虛實强弱之情又能度地險阨遠近之形本末皆知爲將之道畢矣

知此而用戰者必勝不知此而用戰者必敗

杜牧曰謂知險阨遠近也○梅堯臣曰將知地形又知軍政則勝不知則敗○張預曰旣知敵情又

知地利以戰則勝俱不知之以戰即敗

故戰道必勝主曰無戰必戰可也戰道不勝主曰必戰無戰可也

李筌曰得戰勝之道必可戰也失戰勝之道必無戰可也立主人者發其行也○杜牧曰主者君也黃石公曰出軍行師將在自專進退內御則功難成故聖主明王跪而推轂曰閫外之事將軍裁之○孟氏曰寧違於君不逆士衆○梅堯臣曰將在軍君命有所不受○張預曰苟有必勝之道雖君命不戰可必戰也苟無必戰之道雖君命必戰可

不戰也與其從令而敗事不若違制而成功故曰

軍中不聞天子之詔

故進不求名退不避罪

王晳曰皆忠以爲國也○何氏曰進豈求名也見利於國家士民則進也退豈避罪也見其蹙國殘民之害雖君命使進而不進罪及其身不悔也

唯人是保而利合於主國之寶也

李筌曰進退皆保人非爲身也○杜牧曰進不求戰勝之名退不避違命之罪也如此之將國家之珍寶言其少得也○陳皞曰合猶歸也○梅堯臣

曰寧違命而取勝勿順命而致敗○王晳曰戰與不戰皆在保民利主而已矣○張預曰進退違命非爲已也皆所以保民命而合主利此忠臣國家之寶也

視卒如嬰兒故可與之赴深谿視卒如愛子故可與之俱死

李筌曰若撫之如此得其死力也故楚子一言三軍之士皆如挾纊也○杜牧曰戰國時吳起爲將與士卒最下者同衣食卧不設席行不乘騎親裹贏糧與士卒分勞苦卒有病疽吳起吮之其卒母

聞而哭之或問曰子卒也而將軍自吮疽何爲而
哭母曰往年吳公吮其父其父不旋踵而死於敵
今復吮此子妾不知其死所矣○梅堯臣曰撫而
育之則親而不離愛而勖之則信而不疑故雖死
與死雖危與危○王晳曰以仁恩結人心也○何
氏曰如後漢段熲爲破羌將軍以征西羌行軍仁
愛士卒傷者親自瞻省手爲裹瘡在邊十餘年未
嘗一日蓐寢與將士同苦故皆樂爲死戰也晉王
濬爲巴郡太守郡邊吳境兵士苦役生男多不舉
濬乃嚴其科條寬其徭課其產育者皆與休復所

全活者數千人及後伐吳先在巴郡之所全活者皆堪徭役供軍其父母戒之曰王府君生爾爾必勉之無愛死也故吳子有父子之兵○張預曰將視卒如子則卒視將如父未有父在危難而子不致死故荀卿曰臣之於君也下之於上也如子弟之事父兄手足之捍頭目也夫美酒泛流三軍皆醉溫言一撫士同挾纊信乎以恩遇下古人所重也故兵法曰勤勞之師將必先己暑不張蓋寒不重衣險必下步軍井成而後飲軍食熟而後飯軍壘成而後舍

厚而不能使愛而不能令亂而不能治譬若驕子不可用也

曹操曰恩不可專用罰不可獨任若驕子之喜怒對目還害而不可用也○李筌曰雖厚愛人不命如驕子者有勃逆之心不可用也○杜牧曰黄石公曰士卒可下而不可驕夫恩以養士謙以接之故曰可下制之以法故曰不可驕陰符曰害生於恩吳起曰夫鼓鼙金鐸所以威耳旌旗麾章所以威目禁令刑罰所以威心耳威於聲不得不清目威於色不得不明心威於形不得不嚴三者不立

必敗於敵故曰將之所撝莫不從移將之所指莫不前死衛公李靖曰古之善爲將者必能十卒而殺其三次者十殺其一十殺其三威振於敵國十殺其一令行於三軍是知畏我者不畏敵畏敵者不畏我善無細而不賞惡無微而不貶馬謖軍敗葛亮對泣而行誅鄉人盜笠呂蒙垂涕而後斬馬逸犯禾曹公割髮而自刑兩掾辭屈黃蓋詰問而俱斬故能威克其愛雖少必濟愛加其威雖多必敗○孟氏曰唯務行恩恩勢已成刑之必怨唯務行刑刑怨已深恩之不附必使恩威相參賞罰並

用然後可以爲將可以統衆也○梅堯臣曰厚養而不使愛寵而不教亂法而不治猶如驕子安得而用也○王晳曰恩不以嚴未可濟也○何氏曰言恩不可純任純任則還爲己害○張預曰恩不可以專用罰不可以獨行專用恩則卒如驕子而不能使此曹公所以割髮而自刑卧龍所以垂泣而行戮楊素所以流血盈前而言笑自若李靖所以十殺其三使畏我而不畏敵也獨行罰則士不親附而不可用此古將所以投酒楚子所以挾纊吳起所以分衣食閭閻所以同勞佚也在易之師

初六曰師出以律謂齊衆以法也九二曰師中承天寵謂勸士以賞也以此觀之王者之兵亦德刑參任而恩威並行矣尉繚子曰不愛悅其心者不我用也不嚴畏其心者不我舉也故善將者愛與畏而已

知吾卒之可以擊而不知敵之不可擊勝之半也

梅堯臣曰知己而不知彼或有勝耳

知敵之可擊而不知吾卒之不可以擊勝之半也

杜牧曰可擊者勇敢輕死也不可擊者頓弊怯弱也○陳皥曰此說非也可擊不可擊者所謂兵衆

孰強士卒孰練賞罰孰明也○梅堯臣曰知彼而不知己或有勝耳○王晳曰知己不知彼知彼不知己皆未可以決勝也○張預曰或知己而不知彼或知彼而不知己則有勝有負也唐太宗曰吾嘗臨陳先料敵心與己之心孰審然後彼可得而知焉察敵氣與己之氣孰治然後我可得而知焉言料心審治亂察氣見強弱形也可戰與不可戰也

知敵之可擊知吾卒之可以擊而不知地形之不可以戰勝之半也

曹操李筌曰勝之半者未可知也○杜牧曰地形者險易遠近出入迂直也○梅堯臣曰知彼知己而不知地形亦或不勝○王晳曰雖知彼己可以戰然不可虧地利也○張預曰既知己而又知彼但不得地形之助亦不可全勝

故知兵者動而不迷舉而不窮

杜牧曰未動未舉勝負已定故動則不迷舉則不窮也一云動而不困舉而不頓○陳皥曰窮者困也我若識彼此之動否量地形之得失則進而不迷戰而不困者也○梅堯臣曰無所不知則動不

迷闇舉不困窮也○王晳曰善計者不迷善軍者不窮○張預曰不妄動故動則不誤不輕舉故舉則不困識彼我之虛實得地形之便利而後戰也

故曰知彼知己勝乃不殆

張預曰曉攻守之術則有勝而無危

知天知地勝乃不窮

李筌曰人事天時地利三者同知則百戰百勝○杜佑曰知地之便知天之時地之便依險阻向高陽也天之時順寒暑法刑德也既能知彼知己又按地形法天道勝乃可全又何難也○梅堯臣曰

知彼利知此利故不危知天時知地形故不極○王晳同梅堯臣註○張預曰順天時得地利取勝無極

孫子集註卷之十

孫子集註卷之十一

九地篇曹操曰欲戰之地有九○李筌曰勝敵之地有九故次地形之下○王皙曰用兵之地利害有九也○張預曰用兵之地其勢有九此論地勢故次地形

孫子曰用兵之法有散地有輕地有爭地有交地有衢地有重地有圮地有圍地有死地

曹操曰此九地之名也○張預曰此九地之名

諸侯自戰其地爲散地

曹操曰士卒戀土道近易散○李筌曰卒恃土懷妻子急則散是爲散地也○杜牧曰士卒近家進無必死之心退有歸投之處○杜佑曰戰其境內

之地士卒意不專有潰散之心故曰散地○梅堯臣同杜牧註○王晳同曹操註○何氏曰散地士卒恃之懷戀妻子急則散走是爲散地一曰地無關鍵士卒易散走居此地者不可數戰又曰地遠四平更無要害志意不堅而易離故曰散地吳王問孫武曰散地士卒顧家不可與戰則必固守不出若敵攻我小城掠吾田野禁吾樵採塞吾要道待吾空虛而急來攻則如之何武曰敵人深入吾都多背城邑士卒以軍爲家專志輕鬭吾兵在國安土懷生以陳則不堅以鬭則不勝當集人各衆

聚穀蓄帛保城備險遣輕兵絕其糧道彼挑戰不得轉輸不至野無所掠三軍困餒因而誘之可以有功若欲野戰則必因勢依險設伏無險則隱於天氣陰晦昏霧出其不意襲其懈怠可以有功○張預曰戰於境內士卒顧家是易散之地也鄖人將伐楚師楚鬬廉曰鄖人軍其郊必不誡恃近其城莫有鬬志果為楚所敗是也

入人之地而不深者為輕地

曹操曰士卒皆輕返也○杜牧曰師出越境必焚舟梁示民無返顧之心○李筌曰輕於退也○梅

堯臣曰入敵未遠道近輕返○王晳曰初涉敵境勢輕士未有鬬志也○何氏曰輕地者輕於退也入敵境未深往返輕易不可止息將不得數動勞人吳王問孫武曰吾至輕地始入敵境士卒思還難進易退未背險阻三軍恐懼大將欲進士卒欲退上下異心敵守其城壘整其車騎或當吾前或擊吾後則如之何武曰軍至輕地士卒未專以入爲務無以戰爲故無近其名城無由其通路設疑佯惑示若將去選驍騎銜枚先入掠其牛馬六畜三軍見得進乃不懼分吾良卒密有所伏敵人若

來擊之勿疑若其不至捨之而去又曰軍入敵境敵人固壘不戰士卒思歸欲退且難謂之輕地當選驍兵伏要路我退敵追來則擊之也○張預曰始入敵境士卒思還是輕返之地也尉繚子曰征役分軍而歸或臨戰自北則逃傷甚焉言民兵四集分屯占地使北來者當北道則多逃以其開之耳

我得則利彼得亦利者爲爭地

曹操曰可以少勝衆弱擊强○李筌曰此阨喉守險地先居者勝是爲爭地也○杜牧曰必爭之地

乃險要也前秦符堅先遣大將呂光討西域堅敗績後光自西域還師至宜禾堅涼州刺史梁熈謀拒之高昌太守楊翰曰呂光新定西國兵强氣銳其鋒不可當若出流沙其勢難測高梧谷口險要宜先守之而奪其水彼既困竭人自然投戈如以為遠不可守伊吾之關亦可拒之若度此二要難為計矣地有所必爭真此機也熈不從竟為光所滅也○陳皥曰彼我若先得其地者則可以少勝衆弱勝强也○杜佑曰謂山水阨口有險固之利兩敵所爭○梅堯臣曰無我無彼先得則利○王

晳同陳皥註○何氏曰爭地便利之地先居者勝是以爭之吳王問孫武曰敵若先至據要保利簡兵練卒或出或守以備我奇則如之何武曰爭地之法先據爲利敵得其處愼勿攻之引而佯走建旗鳴鼓趣其所愛曳柴揚塵惑其耳目分吾良卒密有所伏敵必出救人欲我與人棄我取此爭先之道也若我先至而敵用此術則選吾銳卒固守其所輕兵追之分伏險阻敵人還鬬伏兵旁起此全勝之道○張預曰險固之利彼我得之皆可以少勝衆弱勝强者是必爭之地也唐太宗以三千

人守成皋之險坐困竇建德十萬之衆是也
我可以往彼可以來者爲交地
曹操曰道正相交錯也○杜牧曰川廣地平可來
可往足以交戰對壘○陳皥曰交錯是也言其道
路交橫彼我可以來往如此之地則須兵士首尾
不絶切宜備之故下文云交地吾將謹其守其義
可見也○杜佑曰交地有數道往來交相無可絶
○梅堯臣同陳皥註○何氏曰交地平原交通也
一曰可以交結不可杜絶之絶之致隙又曰交通
四遠不可遏絶吴王問孫武曰交地吾將絶敵使

不得來必令吾邊城修其守備深絶通路固其隘塞若不先圖之敵人已備彼可得而來吾不得而往衆寡又均則如之何武曰旣我不可以往彼可以來吾分卒匿之守而易怠示其不能敵人且至設伏隱廬出其不意可以有功也○張預曰地有數道往來通達而不可阻絶者是交錯之地也

諸侯之地三屬

曹操曰我與敵相當而旁有他國也○孟氏曰若鄭界於齊楚晉是也

先至而得天下之衆者爲衢地

曹操曰先至得其國助也○李筌曰對敵之傍有一國爲之屬先往而通之得其衆也○杜牧曰衢地者三屬之地我須先至其衝據其形勢結其旁國也天下猶言諸侯也○梅堯臣曰彼我相當有旁國三面之會先至則得諸侯之助也○王晳曰曹公云先至得其國助晳謂先至者結交先至也言天下者謂能廣助則天下可從○何氏曰衢地者地要衝控帶數道先據此地衆必從之故得之則安失之則危也○吳王問孫武曰衢地必先若吾道遠發後雖馳車驟馬至不能先則如之何武曰

諸侯參屬其道四通我與敵相當而旁有他國所謂先者必先重幣輕使約和旁國交親結恩兵雖後至衆已屬矣我有衆助彼失其黨諸國犄角震鼓齊攻敵人驚恐莫知所當○張預曰衢者四通之地我所敵者當其一面而旁有鄰國三面相連屬當往結之以爲已援先至者謂先遣使以重幣約和旁國也兵雖後至已得其國助矣

入人之地深背城邑多者爲重地

曹操曰難返之地○李筌曰堅志也白起攻楚樂毅伐齊皆爲重地○杜牧曰入人之境已深過人

之城已多津梁皆爲所恃要衝皆爲所據還師返斾不可得也○杜佑曰難返還也背去也背與倍同多道里也遠去已城郭深入敵地心專意一謂之重地也○梅堯臣曰乘虛而入涉地愈深過城已多津要絕塞故曰重難之地○王晳曰兵至此者事勢重也○何氏曰重地者入敵已深國糧難應資給將士不掠食取足吳王問孫武曰吾引兵深入重地多所踰越糧道絕塞設欲歸還勢不可過欲食於敵持兵不失則如之何武曰凡居重地士卒輕勇轉輸不通則掠以繼食下得粟帛皆貢於

上多者有賞士卒無歸意若欲還出卽爲戒備深
溝高壘示敵且久敵疑通途私除要害之道乃令
輕車銜枚而行以牛馬爲餌敵人若出鳴鼓隨之
陰伏吾士與之中期内外相應其敗可知也○張
預曰深涉敵境多過敵城士卒心專無有歸志是
難退之地也司馬景王謂諸葛恪卷甲深入其鋒
不可當是也

行山林險阻沮澤凡難行之道者爲圮地

曹操曰少固也○賈林曰經水所毁曰圮沮洳圮
地不得久留宜速去也○梅堯臣曰水所毁圮行

則猶難況戰守乎○何氏曰圮地者少固之地也不可爲城壘溝隍宜速去之吳王問孫武曰吾入圮地山川險阻難從之道行久卒勞敵在吾前而伏吾後營在吾左而守吾右良車驍騎要吾隘道則如之何武曰先進輕車去軍十里與敵相候接期險阻或分而左或分而右大將四觀擇空而取皆會中道倦而乃止○張預曰險阻漸洳之地進退艱難而無所依

所由入者隘所從歸者迂彼寡可以擊吾之衆者爲圍地

李筌曰舉動難也○杜牧曰出入艱難易設奇伏覆勝也○杜佑曰所從入阨險歸道遠也持久則糧乏故敵可以少擊吾衆者爲圍地也○梅堯臣曰山川圍繞入則隘險歸則迂也○何氏曰圍地入則隘險歸則迂回進退無從雖衆何用能爲奇變此地可由吳王問孫武曰吾入圍地前有強敵後有險難敵絶我糧道利我走勢敵鼓譟不進以觀吾能則如之何武曰圍地之宜必塞其闕示無所往則以軍爲家萬人同心三軍齊力并炊數日無見火煙故爲毀亂寡弱之形敵人見我備之必輕

則告勵士卒令其奮怒陳伏良卒左右險阻擊鼓而出敵人若當疾擊務突我則前鬬後拓左右犄角也又曰敵在吾圍伏而深謀示我以利縈我以旗紛紜若亂不知所之奈何武曰千人操旌分塞要道輕兵進挑陳而勿搏交而勿去此敗謀之法○張預曰前狹後險之地一人守之千人莫向則以奇伏勝

疾戰則存不疾戰則亡者爲死地

曹操曰前有高山後有大水進則不得退則有礙○李筌曰阻山背水食盡利速不利緩也○杜牧

曰衛公李靖曰或有進軍行師不因鄉導陷於危敗爲敵所制左谷右山束馬懸車之逕前窮後絶鴈行魚貫之巖兵陳未整而強敵忽臨進無所息退無所固求戰不得自守莫安駐則日月稽留動則首尾受敵野無水草軍乏資糧馬困人疲智窮力極一人守隘萬夫莫向如彼要害敵先據之如此之利我已失守縱有驍兵利器亦何以施其用乎若此死地疾戰則存不疾戰則亡當須上下同心併氣一力抽腸濺血一死於前因敗爲功轉禍爲福此乃是也○陳皥曰人在死地如坐漏船伏

燒屋○賈林曰左右高山前後絕澗外來則易內出則難誤居此地速爲死戰則生若待士卒氣挫糧儲又無而持久不死何待○梅堯臣曰前不得進後不得退旁不得走不得不速戰也○何氏曰死地力戰或生守隅則死吳王問孫武曰吾師出境軍於敵人之地敵人大至圍我數重欲突以出四塞不通欲勵士激衆使之投命潰圍則如之何武曰深溝高壘示爲守備安靜勿動以隱吾能告令三軍示不得已殺牛燔車以饗吾士燒盡糧食填夷井竈割髮捐冠絕去生慮將無餘謀士有死

志於是砥甲礪刃并氣一力或攻兩旁震鼓疾譟
敵人亦懼莫知所當銳卒分行疾攻其後此是失
道而求生故曰困而不謀者窮窮而不戰者亡吳
王曰若吾圍敵則如之何武曰山峻谷險難以踰
越謂之窮寇擊之之法伏卒隱廬開其去道示其
走路求生透出必無鬬意因而擊之雖衆必破兵
法又曰若敵人在死地士卒勇氣欲擊之法順而
勿抗陰守其利必開去道以精騎分塞要路輕兵
進而誘之陳而勿戰敗謀之法也○張預曰山川
險隘進退不能糧絕於中敵臨於外當此之際勵

士決戰而不可緩也

是故散地則無戰

李筌曰恐走散也○杜牧曰已具其上○賈林曰地無關闥卒易散走居此地者不可數戰地形之說一家之理若號令嚴明士卒愛服死且不顧何散之有○梅堯臣曰我兵在國安土懷生陳則不堅鬭則不勝是不可以戰也○王晳曰決於戰則懼散○張預曰士卒懷生不可輕戰吳王問孫武曰散地不可戰則必固守不出若敵攻我小城掠吾田野禁吾樵採塞吾要道待吾空虛而來急攻

則如之何武曰敵人深入專志輕鬭吾兵安土陳則不堅戰則不勝當集人聚穀保城備險輕兵絶其糧道彼挑戰不得轉輸不至野無所掠三軍困餧因而誘之可以有功若欲野戰則必因勢依險設伏無險則隱於陰晦出其不意襲其懈怠

輕地則無止

李筌曰恐逃○杜牧曰兵法之所謂輕地者出軍行師始入敵境未背險要士卒思還難進易退以入爲難故曰輕地北當必選精騎密有所伏敵人卒至擊之勿疑若是不至踰之速去○杜佑曰志

未堅不可遇敵○梅堯臣曰始入敵境未背險阻士心不專無以戰爲勿近名城勿由通路以速進爲利○王晳曰無故不當止也○張預曰士卒輕返不可輙留吳王曰士卒思還難進易退未背險阻三軍恐懼則如之何武曰軍在輕地士卒未專以入爲務無以戰爲故無近其名城無由其通路設疑佯惑示若將去乃選精騎啣枚先入掠其六畜三軍見得進乃不懼分吾良卒密有所伏敵人若來擊之勿疑若其不至捨之而去

爭地則無攻

曹操曰不當攻當先至爲利也〇李筌曰敵先居地險不可攻〇杜牧曰無攻者謂敵人若已先得其地則不可攻〇王晳曰敵居形勝之地先據乎利而我不得其處則不可攻〇張預曰我欲往而爭之而敵已先至也吳王曰敵若先至據要保利簡兵練卒或出或守以備我奇則如之何武曰爭地之法讓之者得求之者失敵得其處愼勿攻之引而佯走建旗鳴鼓趣其所愛曳柴揚塵惑其耳目分吾良卒密有所伏敵必出救人欲我與人棄我取此爭先之道也若我先至而敵用此術則選

吾銳卒固守其所輕兵追之分伏險阻敵人還鬭伏兵旁起此全勝之道也

交地則無絕

曹操曰相及屬也○李筌曰不可絕間也○杜牧曰川廣地平四面交戰須車騎部伍首尾聯屬不可使之斷絕恐敵人因而乘我○賈林曰可以交結不可杜絕絕之致隙○杜佑曰相及屬也俱可進退不可以兵絕之○梅堯臣曰道既錯通恐其邀截當令部伍相及不可斷也○王晳曰利糧道也交相往來之地亦謂之通地居高陽以待敵宜

無絕糧道○張預曰往來交通不可以兵阻絕其路當以奇伏勝也吳王曰交地吾將絕敵使不得來必令吾邊城修其守備深絕通道固其隘塞若不先圖之敵人已備彼可得而來吾不得而往衆寡又均則如之何武曰既我不可以往彼可以來則分卒匿之守而易怠示其不能敵人且至設伏隱廬出其不意

衢地則合交

曹操曰結諸侯也○李筌曰結行也○杜牧曰諸侯之交又云旁國也○孟氏曰得交則安失交則

危也○梅堯臣曰地處四通何以得天下之助當以重幣合○王皙曰四通之境非交援不强○張預曰四通之地先交結旁國也吳王曰衢地貴先若吾道遠而發後雖馳車驟馬至不得先則如之何武曰諸侯參屬其道四通我與敵相當而旁有他國所謂先者必重幣輕使約和旁國交親結恩兵雖後至衆已屬矣簡兵練卒阻利而處我有衆助彼失其黨諸國犄角敵人莫當

重地則掠

曹操曰畜積糧食也○李筌曰深入敵境不可非

義失人心也漢高祖入秦無犯婦女無取寶貨得人心如此筌以掠字爲無掠字○杜牧曰言居於重地進未有利退復不得則須運糧爲持久之計以伺敵也○孟氏曰因糧於敵也○梅堯臣曰去國既遠多背城邑糧道必絕則掠畜積以繼食○王晳曰深入敵境則掠其饒野以豐儲也難地食少則危○張預曰深入敵境饋餉不繼當勵士掠食以備其乏也吳王曰重地多逾城邑糧道絕塞設欲歸還勢不可過則如之何武曰凡居重地士卒輕勇轉輸不通則掠以繼食下得粟帛皆貢於

上多者有賞若欲還出深溝高壘示敵且久敵疑通途私除要害乃令輕車銜枚而行揚其塵埃餌以牛馬敵人若出鳴鼓隨之陰伏吾士與之中期內外相應其敗可知

圮地則行

曹操曰無稽留也○李筌曰不可爲溝隍宜急去之○梅堯臣曰旣毀圮不可依止則當速行勿稽留也○王晳曰合聚軍衆圮無舍止○張預曰難行之地不可稽留也吳王曰山川險阻難從之道行久卒勞敵在吾前而伏吾後營在吾左而守吾

右良車驍騎要吾隘道則如之何武曰先進輕車去軍十里與敵相候接期險阻或分而左或分而右大將四觀擇空而取皆會中道倦而乃止

圍地則謀

曹操曰發奇謀也○李筌曰智者不困　杜牧曰難阻之地與敵相持須用奇險詭譎之計○杜佑曰居此當權謀詐譎可以免難○梅堯臣曰前有隘後有險歸道又迂則發謀慮以取勝○張預曰難以力勝易以謀取也○吳王曰前有强敵後有險難敵絶我糧道利我走勢彼鼓譟不進以觀吾能

則如之何武曰圍地必塞其闕示無所往則以軍爲家萬人同心三軍齊力并炊數日無見火煙故爲毁亂寡弱之形敵人見我備之必輕則告勵士卒令其奮怒陳練良卒左右險阻擊鼓而出敵人若當疾擊務突則前鬭後拓左右掎角

死地則戰

曹操曰死地戰也○李筌曰殊死戰不求

陳皞曰陷在死地則軍中人人自戰故曰置之死地而後生也○賈林曰力戰或生守隅則死○梅堯臣曰前後左右無所之示必死人人自戰也○

張預曰陷在死地則人自爲戰吳王曰敵人大至圍我數重欲突以出四塞不通欲勵士激衆使之投命則如之何武曰深溝高壘安靜勿動告令三軍示不得已殺牛燔車以饗吾士燒盡糧食塡夷井竈割髮捐冠絶去生慮砥甲礪刃并氣一力或攻兩旁震鼓疾譟敵人亦懼莫知所當鋭卒分行疾攻其後此是失道而求生故曰困而不謀者窮窮而不戰者亡

所謂古之善用兵者能使敵人前後不相及

梅堯臣曰設奇衝掩

衆寡不相恃

梅堯臣曰驚撓之也

貴賤不相救

梅堯臣曰散亂也

上下不相收

梅堯臣曰倉惶也

卒離而不集兵合而不齊

李筌曰設變以疑之救左則擊其右惶亂不暇計○杜牧曰多設變詐以亂敵人或衝前掩後或驚東擊西或立僞形或張奇勢我則無形以合戰敵

則必備而衆分使其意懾離散上下驚擾不能和合不得齊集此善用兵也○孟氏曰多設疑事出東見西攻南引北使彼狂惑散擾而集聚不得也○梅堯臣曰或已離而不能集或雖合而不能齊○王晳曰將有優劣則然要在於奇正相生手足相應也○張預曰出其不意掩其無備驍兵銳卒猝然突擊彼救前則後虛應左則右隙使倉惶散亂不知所禦將吏士卒不能相赴其卒已散而不復聚其兵雖合而不能一

合於利而動不合於利而止

曹操曰暴之使離亂之使不齊動兵而戰○李筌曰撓之令見利乃動不亂則止○梅堯臣曰然能使敵若此當須有利則動無利則止○張預曰彼雖驚擾亦當有利則動無利則止

敢問敵衆整而將來待之若何

曹操曰或問也○梅堯臣曰此設疑以自問言敵人甚衆將又嚴整我何以待之耶○張預曰前所陳者須兵衆相敵然後可爲故或人問於我而又整肅則以何術待之也

曰先奪其所愛則聽矣

曹操曰奪其所恃之利若先據利地則我所欲必得也○李筌曰孫子故立此問者以此爲祕要也所愛謂敵所便愛也或財帛子女吾先困奪之則敵進退皆聽也○杜牧曰據我便地略我田野利其糧道斯三者敵人之所愛惜倚恃者也若能俱奪之則敵人雖强進退勝敗皆須聽我也○陳皥曰愛者不止所恃利但敵人所顧之事皆可奪也○梅堯臣曰當先奪其所顧愛則我志得行然後使其驚撓散亂無所不至也○王晳曰先據利地以奇兵絕其糧道則如我之謀也○張預曰武曰

敵所愛者便地與糧食耳我先奪之則無不從我之計

兵之情主速乘人之不及由不虞之道攻其所不戒也

曹操曰孫子應難以覆陳兵情也〇李筌曰不虞不戒破敵之速〇杜牧曰此統言兵之情狀以乘敵間隙由不虞之道攻其不戒之處此乃兵之深情將之至事也〇陳皞曰此言乘敵人有不及不虞不戒之便則須速進不可遲疑也蓋孫子之旨言用兵貴疾速也〇梅堯臣曰兵機貴速當乘人

之不備乘人之不備者行不虞之道攻不戒之所也○王晳曰兵上神速奪愛尤當然也○何氏曰如蜀將初達之降魏魏朝以達領新城太守達復連吳固蜀潛圖中國謀洩司馬宣王秉政恐達速發以書紿達以安之達得書猶與不決宣王乃潛軍進討諸將皆言達與二賊交構宜審察而後動宣王曰達無信義此其相疑之時也當及其未定往討之乃倍道兼行八日到其城下吳蜀各遣其將向西城安橋木闌塞以救達宣王分諸將拒之初達與諸葛亮書曰宛去洛八百里去吾一千一

百里聞吾舉事當表上天子比相反覆一月間也
則吾城已固諸軍足辦所在深險司馬公必不自
來諸將來吾無患矣及兵到達又告亮曰吾舉事
八日而兵至城下何其神速也上庸城三面阻水
達於城下爲木柵以自固宣王渡水破其柵直造
城下八道攻之旬有六日達甥郡賢將李輔等開
門出降遂斬達李靖征蕭銑集兵於夔州銑以時
屬秋潦江水泛漲三峽路險必謂靖不能進遂休
兵不設備九月靖乃率師而進將下峽諸將皆請
停兵待水退靖曰兵貴神速機不可失今兵始集

銑尚未知若乘水漲之勢倏忽至城下所謂疾雷不及掩耳此兵家上策縱彼知我倉卒徵兵無以應敵此必成擒也遂降蕭銑衛公兵法曰兵用上神戰貴其速簡練士卒申明號令曉其目以麾幟習其耳以鼓金嚴賞罰以誡之重芻豢以養之浚溝壍以防之指山川以導之召才能以任之述奇正以教之如此則雖敵人有雷電之疾而我則有所待也若兵無先備則不應卒卒不應則失於機失於機則後於事後於事則不制勝而軍覆矣故呂氏春秋云凡兵者欲急捷所以一決取勝不可

久而用之矣故曰兵之情雖主速乘人之不及然敵將多謀戎卒輯睦令行禁止兵利甲堅氣銳而嚴力全而勁豈可速而犯之邪答曰若此則當卷迹藏聲蓄盈待竭避其鋒勢與其持久安可犯之哉廉頗之拒白起守而不戰宣王之抗武侯抑而不進是也○張預曰復謂或人曰用兵之理惟尚神速所貴乎速者乘人之倉卒使不及爲備也出兵於不虞之徑以掩其不戒故敵驚擾散亂而前後不相及衆寡不相待也

凡爲客之道深入則專主人不克

李筌曰夫爲客深入則志堅主人不能禦也○杜牧曰言大凡爲攻伐之道若深入敵人之境士卒有必死之志其心專一主人不能勝我也克者勝也○梅堯臣曰爲客者入人之地深則士卒專精主人不能克我○張預曰深涉敵境士卒心專則爲主者不能勝也客在重地主在輕地故耳趙廣武君謂韓信去國遠鬬其鋒不可當是也

掠於饒野三軍足食

王晳曰饒野多稼穡

謹養而勿勞併氣積力運兵計謀爲不可測

曹操曰養士併氣運兵爲不可測度之計○李筌曰氣盛力積加之以謀慮則非敵之可測○杜牧曰斯言深入敵人之境須掠田野使我足食然後閉壁養之勿使勞苦氣全力盛一發取勝動用變化使敵人不能測我也○陳皥曰所處之野須水草便近積蓄不乏謹其來往善撫士卒王翦伐楚楚人挑戰翦不出勤於撫御幷兵一力聞士卒投石爲戲知其養勇思戰然後用之一舉遂滅楚但深入敵境未見可勝之利則須爲此計○梅堯臣曰掠其富饒以足軍食息人之力幷兵爲不可測

之計○王晳曰謹養謂撫循飲食周謹之也并銳
氣積餘力形藏謀密使敵不測俟其有可勝之隙
則進之○張預曰兵在重地須掠糧於富饒之野
以豐吾食乃堅壁自守勤撫士卒勿任以勞苦令
氣盛而力全常爲不可測度之計伺敵可擊則一
舉而克王翦伐荆常用此術

投之無所往死且不北

李筌曰能得其力者投之無往之地○杜牧曰投
之無所往謂前後進退皆無所之士以此皆求力
戰雖死不北也○梅堯臣曰置在必戰之地知死

而不退走○張預曰置之危地左右前後皆無所往則守戰至死而不犇北矣

死焉不得

曹操曰士死安不得也○杜牧曰言士必死安有不得勝之理○孟氏曰士死無不得也○梅堯臣曰兵焉得不用命○張預曰士卒死戰安不得志尉繚子曰一賊仗劒擊於市萬人無不避之者非一人之獨勇萬人皆不肖也必死與必生不侔也

士人盡力

曹操曰在難地心并也○梅堯臣曰士安得不竭

力以赴戰○王晳曰人在死地豈不盡力○何氏曰獸困猶鬬鳥窮則啄況靈萬物者人乎○張預曰同在難地安得不共竭其力

兵士甚陷則不懼

杜牧曰陷於危險勢不獨死三軍同心故不懼也○梅堯臣同杜牧註○王晳曰陷之難地則不懼不懼則鬬志堅也○張預曰陷在危亡之地人持必死之志豈復畏敵也

無所往則固深入則拘

曹操曰拘縛也○李筌曰固堅也○杜牧曰往走

也言深入敵境走無生路則人心堅固如拘縛者也○梅堯臣曰投無所往則自然心固入深則自然志專也○張預曰動無所之人心堅固兵在重地走無所適則如拘係也

不得已則鬬

曹操曰人窮則死戰也○李筌曰決命○杜牧曰不得已者皆疑陷在死地必不生以死救死盡不得已也則人皆悉力而鬬也○梅堯臣何氏同杜牧註○張預曰勢不獲已須力鬬也

是故其兵不修而戒不求而得不約而親不令而信

曹操曰不求索其意自得力也○李筌曰投之必死不令而得其用也○杜牧曰此言兵在死地上下同志不待修整而自戒懼不待收索而自得心不待約令而自親信也○孟氏曰不求其勝而勝自得也○梅堯臣曰不修而兵自戒不索而情自得不約而衆自親不令而人自信皆所以陷於危難故三軍同心也○王晳曰謂死難之地人心自然故也○張預曰危難之地人自同力不修整而自戒慎不求索而得情意不約束而親上不號令而信命所謂同舟而濟則胡越何患乎異心也

禁祥去疑至死無所之

曹操曰禁妖祥之言去疑惑之計○一本作至死無所災○李筌曰妖祥之言疑惑之事而禁之故無所災○杜牧曰黃石公曰禁巫祝不得為吏士卜問軍之吉凶恐亂軍士之心言旣去疑惑之路則士卒至死無有異志也○梅堯臣曰妖祥之事不作疑惑之言不入則軍必不亂死而後已○王晳曰災祥神異有以惑人故禁止之○張預曰欲士死戰則禁止軍吏不得言妖祥之事恐惑衆也去疑惑之計則至死無他慮司馬法曰滅厲祥此

之謂也儻士卒未有必戰之心則亦有假妖祥以使衆者田單守即墨命一卒爲神毋出入約束必稱神遂破燕是也

吾士無餘財非惡貨也無餘命非惡壽也

曹操曰皆燒焚財物非惡貨之多也棄財致死者不得已也○杜牧曰若有財貨恐士卒顧戀有苟生之意無必死之心也○梅堯臣曰不得已竭財貨不得已盡死戰○王晳曰足用而已士顧財富則媮生死戰而已士顧生路則無死志矣○張預曰貨與壽人之所愛也所以燒擲財寶割棄性命

者非憎惡之也不得已也

令發之日士卒坐者涕霑襟偃臥者涕交頤

曹操曰皆持必死之計○李筌曰棄財與命有必死之志故割而流涕也○杜牧曰士皆以死爲約未戰之日先令曰今日之事在此一舉若不用命身膏草野爲禽獸所食也○梅堯臣曰決以死力牧說是也○王晳曰感勵之使然○張預曰感激之故涕泣也未戰之日先令曰今日之事在此一舉若不用命身膏草野爲禽獸所食或曰凡行軍饗士使酒拔劍起舞作朋角抵伐鼓叫呼所以增

其氣若令涕泣無乃挫其壯心乎答曰先決其死力後激其銳氣則無不勝儻無必死之心其氣雖盛何由克之若荊軻於易水士皆垂淚涕泣及復爲羽聲忼慷則皆瞋目髮上指冠是也

投之無所往者諸劌之勇也

李筌曰夫獸窮則搏鳥窮則啄令急迫則專諸曹劌之勇也○杜牧曰言所投之處皆爲專諸曹劌之勇○梅堯臣曰既令以必死則所往皆有專諸曹劌之勇○張預曰人懷必死則所向皆有專諸曹劌之勇也專諸吳公子光使刺殺吳王僚者劌

當爲沫曹沫以勇力事魯莊公嘗執上首刼齊桓公

故善用兵者譬如率然

○梅堯臣曰相應之容易也

率然者常山之虵也擊其首則尾至擊其尾則首至擊其中則首尾俱至

梅堯臣曰虵之爲物也不可擊擊之則率然相應○張預曰率猶速也擊之則速然相應此喻陳法也八陳圖曰以後爲前以前爲後四頭八尾觸處爲首敵衝其中首尾俱救

敢問兵可使如率然乎
梅堯臣曰可使兵首尾率然相應如一體乎
曰可夫吳人與越人相惡也當其同舟而濟遇風其
相救也如左右手
梅堯臣曰勢使之然○張預曰吳越仇讎也同處
危難則相救如兩手況非仇讎者豈不猶率然之
相應乎
是故方馬埋輪未足恃也
曹操曰方縛馬也埋輪示不動也此言專難不如
權巧故曰設方馬埋輪不足恃也○李筌曰投兵

無所往之地人自鬬如虵之首尾故吳越之人同舟相救雖縛馬埋輪未足恃也○杜牧曰縛馬使爲方陳埋輪使不動雖如此亦未足稱爲專固而足爲恃須任權變置士於必死之地使人自爲戰相救如兩手此乃守固必勝之道而足爲恃也○陳皥曰人之相惡莫甚吳越同舟遇風而猶相救何則勢使之然也夫用兵之道若陷在必戰之地使懷俱死之憂則首尾前後不得不相救也有吳越之惡猶如兩手相救況無吳越之惡乎蓋言貴於設變使之則勇怯之心一也○梅堯臣同杜牧

註○王晳曰此謂在難地自相救耳虵之首尾人之左右手皆輸相救之敏也同舟而濟在險難也吳越猶無異心況三軍乎故其足恃甚於方馬埋輪曹公說是也○張預曰上文歷言置兵於死地使人心專固然此未足為善也雖置之危地亦須用權智使人令相救如左右手則勝矣故曰雖縛馬埋輪未足恃固以取勝所可必恃者要使士卒相應如一體也

齊勇若一政之道也

李筌曰齊勇者將之道○杜牧曰齊正勇敢三軍

如一此皆在於爲政者也○陳皥曰政令嚴明則勇者不得獨進怯者不得獨退三軍之士如一也○梅堯臣曰使人齊勇如一心而無怯者得軍政之道也○王晳同梅堯臣註○張預曰既置之危地又使之相救則三軍之衆齊力同勇如一夫是軍政得其道也

剛柔皆得地之理也

曹操曰強弱一勢也○李筌曰剛柔得者因地之勢也○杜牧曰強弱之勢須因地形而制之也○梅堯臣曰兵無強弱皆得用者是因地之勢也○

王晳曰剛柔猶強弱也言三軍之士強弱皆得其用者地利使之然也曹公曰強弱一勢是也○張預曰得地利則柔弱之卒亦可以克敵況剛強之兵乎剛柔俱獲其用者地勢使之然也

故善用兵者攜手若使一人不得已也

曹操曰齊一貌也○李筌曰理衆如理寡也○杜牧曰言使三軍之士如牽一夫之手不得已故順從我之命喻易也○賈林曰攜手翻迭之貌便於回運以前爲後以後爲前以左爲右以右爲左故百萬之衆如一人也○梅堯臣曰用三軍如攜手

使一人者勢不得已自然皆從我所揮也○王晳曰攜使左右前後率從我也○張預曰三軍雖衆如提一人之手而使之言齊一也故曰將之所揮莫不從移將之所指莫不前死

將軍之事靜以幽正以治

曹操曰謂清淨幽深平正○杜牧曰清淨簡易幽深難測平正無偏故能致治○梅堯臣曰靜而幽邃人不能測正而自治人不能撓○王晳曰靜則不撓幽則不測正則不媮治則不亂○張預曰其謀事則安靜而幽深人不能測其御下則公正而

整洽人不敢慢

能愚士卒之耳目使之無知

曹操曰愚誤也民可與樂成不可與慮始○李筌曰爲謀未熟不欲令士卒知之可以樂成不可與謀始是以先愚其耳目使無見知○杜牧曰言使軍士非將軍之令其他皆不知如聾如瞽也○梅堯臣曰凡軍之權謀使由之而不使知之○王晳曰杜其見聞○何氏同杜牧註○張預曰士卒懵然無所聞見但從命而已

易其事革其謀使人無識

李筌曰謀事或變而不識其原○杜牧曰所爲之事有所之謀不使知其造意之端識其所緣之本也○梅堯臣曰改其所行之事變其所爲之謀無使人能識也○王晳曰已行之事已施之謀當革易之不可再也○何氏曰將術以不窮爲奇也○張預曰前所行之事舊所發之謀皆變易之使人不可知也若裴行儉令軍士下營訖忽使移就崇岡初將吏皆不悦是夜風雨暴至前設營所水深丈餘將士驚服因問曰何以知風雨也行儉笑曰自今但依吾節制何須問我所由知也

易其居迂其途使人不得慮

李筌曰行路之便衆人不得知其情○杜牧曰易其居去安從危迂其途捨近即遠士卒有必死之心○陳皞曰將帥凡舉一事切委曲而致之無使人得計慮者○賈林曰居我要害能使自移途近於我能使迂之發機微路人不能知也○梅堯臣曰更其所安之居迂其所趨之途無使人能慮也○王晳曰處易者將致敵以求戰也迂途者示遠而密襲也○張預曰其居則去險而就易其途則捨近而從遠人初不曉其旨及勝乃服太白山人

曰兵貴詭道者非止詭敵也抑詭我士卒使由之而不使知之也

帥與之期如登高而去其梯

○梅堯臣曰可進而不可退也

帥與之深入諸侯之地而發其機

杜牧曰使無退心孟明焚舟是也一本帥與之登高○陳皥曰發其心機○賈林曰動我機權隨事應變○梅堯臣曰發其危機使人盡命○王晳曰皆勵決戰之志也機之發無復迴也賈詡勸曹公曰必決其機是也○張預曰去其梯可進而不可

退發其機可往而不可返項羽濟河沈舟之類也
焚舟破釜若驅羣羊驅而往驅而來莫知所之
曹操曰一其心也○李筌曰還師者皆焚舟梁堅
其志旣不知謀又無返顧之心是以如驅羊也○
杜牧曰三軍但知進退之命不知攻取之端也○
梅堯臣曰但馴然從驅莫知其他也○何氏曰士
之往來唯將之令如羊之從牧者○張預曰羣羊
往來牧者之隨三軍進退惟將之揮
聚三軍之衆投之於險此謂將軍之事也
曹操曰險難也○梅堯臣曰措三軍於險難而取

勝者爲將之所務也○張預曰去梯發機置兵於危險以取勝者此將軍之所務也

九地之變屈伸之利人情之理不可不察

曹操曰人情見利而進見害而退○杜牧曰言屈伸之利害人情之常理皆因九地以變化今欲下文重舉九地故於此重言發端張本也○梅堯臣曰九地之變有可屈可伸之利人情之常理須審察之○王晳曰明九地之利害亦當極其變耳言屈伸之利者未見便則屈見便則伸言人情之理者深專淺散圍禦之謂也○張預曰九地之法不

可拘泥須識變通可屈則屈可伸則伸審所利而
已此乃人情之常理不可不察
凡爲客之道深則專淺則散
梅堯臣曰深則專固淺則散歸此而下重言九地
者孫子勤勤於九變也○張預曰先舉兵者爲客
入深則專固入淺則士散此而下言九地之變
去國越境而師者絕地也
梅堯臣曰進不及輕退不及散在二地之間也○
王晳曰此越鄰國之境也是謂孤絕之地當速決
其事若吳王伐齊近之○如此者鮮故不同九地

之例○張預曰去已國越人境而用師者危絕之
地也若秦師過周而襲鄭是也此在九地之外而
言之者戰國時間有之也
四達者衢地也
梅堯臣曰馳道四出敵當一面○張預曰敵當一
面旁國四屬
入深者重地也
梅堯臣曰士卒以軍爲家故心無散亂
入淺者輕地也
梅堯臣曰歸國尚近心不能專

背固前隘者圍地也

梅堯臣曰背負險固前當阨塞○張預曰前狹後險進退受制於人也

無所往者死地也

梅堯臣曰窮無所之○張預曰左右前後窮無所之地

是故散地吾將一其志

李筌曰一卒之心○杜牧曰守則志一戰則易散○梅堯臣曰保城備險一志堅守候其虛懈出而襲之○張預曰集人聚穀一志固守依險設伏攻

敵不意

輕地吾將使之屬

曹操李筌曰使相及屬○杜牧曰部伍營壘密近聯屬蓋以輕散之地一者備其逃逸二者恐其敵至使易相救○杜佑曰使相仍也輕地還師當安道促行然令相屬續以備不虞也○梅堯臣曰行則隊校相繼止則營壘聯屬脫有敵至不有散逸也○王晳曰絕則人不相恃○張預曰密營促隊使相屬續以備不虞以防逃遁

爭地吾將趨其後

曹操曰利地在前當速進其後也○李筌曰利地必爭益其備也此筌以趨字爲多字○杜牧曰必爭之地我若已後當疾趨而爭況其不後哉○陳皥曰二說皆非也若敵據地利我後爭之不亦後據戰地而趨戰之勞乎所謂爭地必趨其後者若地利在前先分精鋭以據之彼若恃衆來爭我以大衆趨其後無不尅者趙奢所以破秦軍也○杜佑曰利地在前當進其後爭地先據者勝不得者負故從其後使相及也○梅堯臣曰敵未至其地我若在後則當疾趨以爭之○張預曰爭地貴速

若前驅至而後不及則未可故當疾進其後使首尾俱至或曰趨其後謂後發先至也

交地吾將謹其守

杜牧曰嚴壁壘也○梅堯臣曰謹守壁壘斷其通道○王晳曰懼襲我也○張預曰不當阻絕其路但嚴壁固守候其來則設伏擊之

衢地吾將固其結

杜牧曰結交諸侯使之牢固○梅堯臣曰結諸侯使之堅固勿令敵先○王晳曰固以德禮威信且示以利害之計○張預曰財幣以利之盟誓以要

之堅固不渝則必爲我助

重地吾將繼其食

曹操曰掠彼也○李筌曰館穀於敵也繼一作掠○賈林曰使糧相繼而不絶也○杜佑曰深入當繼其糧餉○梅堯臣曰道旣遐絶不可歸國取糧當掠彼以食軍○張預曰兵在重地轉輸不通不可乏糧當掠彼以續食

圮地吾將進其塗

曹操曰疾過去也○李筌曰不可留也○杜佑曰疾行無舍此地○梅堯臣曰無所依當速過○張

預曰遇圮塗之地宜引兵速過

圍地吾將塞其闕

曹操李筌曰以一士心也○杜牧曰兵法圍師必闕示以生路令無死志因而擊之今若我在圍地敵開生路以誘我卒我返自塞之令士卒有必死之心後魏末齊神武起義兵於河北爲爾朱兆天光度律仲遠等四將會於鄴南士馬精強號二十萬圍神武於南陵山時神武馬二千步軍不滿三萬兆等設圍不合神武連繫牛驢自塞之於是將士死戰四面奮擊大破兆等四將也○孟氏曰意

欲突圍示以守固○杜佑曰塞其闕不欲走之意○梅堯臣曰自塞其旁道使士卒必死戰也○王晳曰懼人有走心○張預曰吾在敵圍敵開生路當自塞之以一士心齊神武擊牛馬以塞路而士卒死戰是也

死地吾將示之以不活

曹操李筌曰勵志也○杜牧曰示之必死令其自奮以求生也○賈林曰禁財棄糧塞井破竈示必死也○杜佑曰勵士也焚輜重棄糧食塞井夷竈示無生意必殊死戰也○梅堯臣曰必死可生人

盡力也○王晳同梅堯臣註○何氏同杜牧註○
張預曰焚輜重棄糧食塞井夷竈示以無活勵之
使死戰也
故兵之情圍則禦
曹操曰相持禦也○李筌曰敵圍我則禦之○杜
牧曰言兵在圍地始乃人人有禦敵持勝之心相
禦持也窮則同心守禦○梅堯臣同杜牧註○張
預曰在圍則自然持禦
不得已則鬭
曹操曰勢有不得已也○李筌曰有不得已則戰

○梅堯臣曰勢無所往必鬭○王皙曰脫死難者唯鬭而已○張預曰勢不可已須悉力而鬭

過則從

曹操曰陷之甚過則從計也○李筌曰過則審躡又云陷之於過則謀從之○孟氏曰甚陷則無所不從○梅堯臣同孟氏註○張預曰深陷於危難之地則無不從計若班超在鄯善欲與麾下數十人殺虜使乃諄諭之其士卒曰今在危亡之地死生從司馬是也

是故不知諸侯之謀者不能預交不知山林險阻沮

澤之形者不能行軍不用鄉導者不能得地利

曹操曰上已陳此三事而復云者力惡不能用兵故復言之○李筌曰三事軍之要也○梅堯臣曰已解軍爭篇中重陳此三者蓋言敵之情狀地之利害當預知焉○王晳曰再陳者勤戒之也○張預曰知此三事然後能審九地之利害故再陳於此也

四五者不知一非霸王之兵也

曹操曰謂九地之利害或曰上四五事也○張預曰四五謂九地之利害有一不知未能全勝

夫霸王之兵伐大國則其衆不得聚威加於敵則其交不得合

李筌曰夫幷兵震威則諸侯自顧不敢預交○杜牧曰權力有餘也能分散敵也○孟氏曰以義制人人誰敢拒○陳皥曰雖有霸王之勢伐大國則我衆不得聚要在結交外援若不如此但以威加於敵逞己之强則必敗也○梅堯臣曰伐大國能分其衆則權力有餘也權力有餘則威加敵威加敵則旁國懼旁國懼則敵交不得合也○王晳曰能知敵謀能得地利又能形之使其不相救不相

恃則雖大國豈能聚衆而拒我哉威之所加者大則敵交不得合○張預曰恃富强之勢而亟伐大國則已之民衆將怨苦而不得聚也甲兵之威倍勝於敵國則諸侯懼而不敢與我合交也或曰侵伐大國若大國一敗則小國離而不聚矣若晉楚爭鄭晉勝則鄭附晉敗則鄭叛也小國既離則敵國之權力分而弱矣或我之兵威得以增勝於彼是則諸侯豈敢與敵人交合乎

是故不爭天下之交不養天下之權信音伸己之私威加於敵故其城可拔其國可隳

曹操曰霸者不結成天下諸侯之權也絶天下之交奪天下之權故已威得伸而自私○李筌曰能絶天下之交惟得伸已之私志威而無外交者○杜牧曰信伸也言不結鄰援不蓄養機權之計但逞兵威加於敵國貴伸已之私欲若此者則其城可拔其國可隳齊桓公問於管仲曰必先頓甲兵修文德正封疆而親四鄰則可矣於是復魯衛燕所侵地而以好成四鄰大親乃南伐楚北伐山戎東制令支折孤竹西服流沙兵車之會六乘車之會三乃率諸侯而朝天子吳夫差破越於會稽敗

齊於艾陵闕溝於商魯會晉於黃池爭長而反威加諸侯諸侯不敢與爭句踐伐之乞師齊楚齊楚不應民疲兵頓爲越所滅越王句踐問戰於申包胥曰越國南則楚西則晉北則齊春秋皮幣玉帛子女以賓服焉未嘗敢絶求以報吳願以此戰包胥曰善哉蔑以加焉遂伐吳滅之○賈林曰諸侯旣懼不得附聚不敢合從我之智謀威力有餘諸侯自歸何用養交之也○不養一作不事○陳皥曰智力旣全威權在我但自養士卒爲不可勝之謀天下諸侯無權可士也仁智義謀已之私有用

以濟衆故曰伸私威振天下德光四海恩沾品物信及豚魚百姓歸心無思不服故攻城必拔伐國必隳也○梅堯臣曰敵既不得與諸侯合交則我亦不爭其交不養其權用已力而已爾威亦增勝於敵矣故可拔其城可隳其國此謂霸王之兵也○王晳曰結交養權則天下可從申私損威則國城不保○張預曰不爭交援則勢孤而助寡不養權力則人離而國弱伸一己之私忿暴兵威於敵國則終取敗亡也或曰敵國衆既不得聚交又不得合則我當絶其交奪其權得伸己所欲而威倍

於敵國故人城可得而拔人國可得而隳之
施無法之賞懸無政之令
賈林曰欲拔城隳國之時故懸國外之賞罰行政
外之威令故不守常法常政故曰無法無政○梅
堯臣曰瞻功行賞法不預設臨敵作誓政不先懸
王晳曰杜姦隃也曹公曰軍法令不預施懸之司
馬法曰見敵作誓瞻功行賞此之謂也○張預曰
法不先施政不預告皆臨事立制以勵士心司馬
法曰見敵作誓瞻功行賞
犯三軍之衆若使一人

曹操曰犯用也言明賞罰雖用衆若使一人也○李筌曰善用兵者爲法作攻而人不知懸事無令而人從之是以犯衆如一人也○梅堯臣曰犯用也賞犯嚴明用多若用寡也○張預曰賞功不逾時罰罪不遷列賞罰之典旣明且速則用衆如寡也

犯之以事勿告以言

梅堯臣曰但用以戰不告以謀○王晳曰情泄則謀乖張預曰任用之於戰鬬勿諭之以權謀人知謀則疑也若裴行儉不告士卒以徙營之由是也

犯之以利勿告以害

曹操曰勿使知害○李筌曰犯用也卒知言與害則生疑難○梅堯臣曰用令知利不令知害○王晳曰慮疑懼也○張預曰人情見利則進知害則避故勿告以害也

投之亡地然後存陷之死地然後生

曹操曰必殊死戰在亡地無敗者孫臏曰兵恐不投之死地也○李筌曰兵居死地必決命而鬬以求生韓信水上軍則其義也○梅堯臣曰地雖曰亡力戰不亡地雖曰死死戰不死故亡者存之基

死者生之本也〇何氏曰如漢王遣將韓信擊趙未至井陘口三十里止舍夜半傳發選輕騎二千人人持一赤幟從間道萆山而觀趙軍誡曰趙見我走必空壁逐我汝疾入趙壁拔趙幟立漢幟令其裨將傳餐曰今日破趙會食信乃使萬人先行出背水陳趙軍遥見而大笑平旦信建大將軍之旗鼓行出井陘口趙開壁擊之大戰良久於是信走水上軍趙空壁逐信信已入水上軍軍皆殊死戰不可敗信所出奇兵二千騎馳入趙壁皆拔趙幟立漢赤幟趙軍攻信旣不得還壁見漢幟大驚

遂亂遁走於是漢兵夾擊大破虜趙軍斬陳餘泜水上擒趙王諸將因問信曰兵法右背山陵前左水澤今者將軍令臣等反背水陳曰破趙會食臣等不服然竟以勝此何術也信曰此在兵法顧諸君不察耳兵法不曰陷之死地而後生置之亡地而後存乎且信非得素拊循士大夫也此所謂驅市人而戰其勢非置之死地使人人自爲戰今與之生地皆走寧尚可得而用之乎諸將皆服曰非所及也梁將陳慶之守渦陽城與後魏軍相持自春至冬數十百戰師老氣衰魏之援兵復欲築壘

於軍後諸將恐腹背受敵議退師慶之曰共來至此涉歷一歲糜費糧仗其數極多諸軍並無鬪心皆謀退縮豈是欲立功名直聚爲鈔暴耳蓋聞置兵死地乃可求生須虜大合然後與戰必捷諸將壯其計從之魏人掎角作十三城慶之銜枚夜出陷其四壘所餘九城兵甲猶盛乃陳其俘馘鼓譟而攻遂大奔潰斬獲略盡後魏末齊神武興義兵於河北時爾朱兆等四將兵馬號二十萬夾洹水而軍時神武士馬不滿三萬以衆寡不敵遂於韓陵山爲圓陳繫牛驢以塞道於是將士皆死戰四

面奮擊大破之齊神武兵少天光等兵十倍圍而
缺之神武乃自塞其缺士皆有必死之志是以破
敵也高齊北豫州刺史司馬消難請降後周周將
楊忠與柱國達奚武援之於是共率騎士五千人
各乘馬一匹從間道馳入齊境五百里前後遣三
使報消難而皆不反命去豫州三十里武疑有變
欲還忠曰有進死無退生獨以千騎夜趣城下四
面峭絶徒聞擊柝之聲武親來麾數百騎以西忠
勒餘騎不動候門開而入乃馳遣召武時齊鎮城
將伏敬遠勒甲士二千人據東陴舉烽嚴警武憚

之不欲保城乃多取財帛以消難及其屬先歸忠以三千騎爲殿到洛南皆解鞍而卧齊衆來追至於洛北忠謂將士曰但飽食今在死地賊必不敢渡水以當吾鋒食畢齊兵佯若渡水忠馳將擊之齊兵不敢逼遂徐引而退○張預曰置之死亡之地則人自爲戰乃可存活也項將救趙破釜焚廬示以必死諸侯從壁上觀楚戰士無不一當十遂虜秦將是也

夫衆陷於害然後能爲勝敗

梅堯臣曰未陷難地則士卒心不專旣陷危難然

後勝敗在人爲之爾○張預曰士卒用命則勝敗之事在我所爲

故爲兵之事在於順詳敵之意

曹操曰佯愚也或曰彼欲進設伏而退欲去開而擊之○李筌曰敵欲攻我以守待之敵欲戰我以奇待之退伏利誘皆順其所欲○杜牧曰夫順敵之意蓋言我欲擊敵未見其隙則藏形閉跡敵人之所爲順之勿驚假如强以陵我我則示怯而伏且順其强以驕其意候其懈怠而攻之假如欲退而歸則開圍使去以順其退使無鬭心遂因而

擊之皆順敵之旨也○陳皞曰順敵之旨不假多
說但强示之弱進示之退使敵心不戒然後攻而
破之必矣○梅堯臣曰佯怯佯弱佯亂佯北敵人
輕來我志乃得○張預曰彼欲進則誘之令進彼
欲退則緩之令退奉順其旨設奇伏以取之或曰
敵有所欲當順其意以驕之留爲後圖若東胡遣
使謂冒頓曰欲得頭曼千里馬冒頓與之復遣使
來曰願得單于一閼氏冒頓又與之及其驕怠而
擊之遂滅東胡是

幷敵一向千里殺將

曹操曰幷兵向敵雖千里能擒其將也○杜牧曰上文言爲兵之事在順敵人之意此乃未見敵人之隙耳若已見其隙有可攻之勢則須幷兵專力以向敵人雖千里之遠亦可以殺其將也○賈林曰能以利誘敵人使一向趨之則我雖遠千里亦可擒殺其將○梅堯臣曰隨敵一向然後發伏出奇則能遠擒其將○王晳曰順敵意隨敵形及其空虛不虞幷兵一力以向之乘勢可千里而覆軍殺將也○張預曰敵既驕惰則幷兵力以向之可以覆其軍殺其將則明如昌頓威東胡之事是也

此謂巧能成事者也

曹操曰是成事巧者也一作是謂巧攻成事○梅堯臣曰能順敵而取勝機巧者也○何氏曰能如此者是巧攻之成事也○張預曰始順其意後殺其將成事之巧也

是故政舉之日夷關折符無通其使

曹操曰謀定則閉關以絶其符信勿通其使○李筌曰政令既行閉關折符無得有所沮議恐惑衆士心也○杜牧曰其所不通豈敵人之使乎若敵人之使不受則何必夷關折符然後爲不通乎答

曰夷關折符者不令國人出入蓋恐敵人有間使潛來或藏形隱跡由危歷險或竊符盜信假託姓名而來窺我也無通其使者敵人若有使來聘亦不可受之恐有智能之士如張孟談婁敬之屬見其微而知著測我虛實也此乃兵形未成恐敵人先事以制我也兵形已成出境之後則使在其間古之道也○梅堯臣曰夷滅也折斷也舉政之日滅塞關梁斷毀符節使不通也使不通者恐泄我事也○張預曰廟筭已定軍謀已成則夷塞關梁毀折符信勿通使命恐泄我事也彼有使來則當

納之故下文云敵之開闔必亟入之

厲於廊廟之上以誅其事

曹操曰誅治也○杜牧曰厲揣厲也言廊廟之上誅治其事成敗先定然後興師一本作以謀其事○梅堯臣曰嚴整於廊廟之上以計其事言其察也○何氏曰磨厲廟勝之策以責成其事○張預曰兵者大事不可輕議當惕厲於廟堂之上密治其事貴謀不外泄也

敵人開闔必亟入之

曹操曰敵有間隙當急入之也○李筌曰敵開闔

未定必急來也○孟氏曰開闔間者也有間來則疾内之○梅堯臣同孟氏註○張預曰開闔間謂使也敵有間來當急受之或曰謂敵人或開或闔出入無常進退未決則宜乘之

先其所愛

曹操曰據利便也○李筌曰先攻其積聚及妻子利不擇其用也○杜牧曰凡是敵人所愛惜倚恃以爲軍者則先奪之也○梅堯臣曰先察其便利愛惜之所也○何氏同杜牧註

微與之期

曹操曰後人發先人至○杜牧曰微者潛也言以敵人所愛利便之處爲期將欲謀奪之故潛往赴期不令敵人知也○陳皡曰我若先奪便地而敵不至雖有其利亦奚用之是以欲取其愛惜之處必先微與敵人相期誤之使必至○梅堯臣曰微露之期使間歸告然後我後人發先人至也後發者欲其必赴也先至者奪其所愛也○王晳曰權譎也微者所以示審曹公曰先敵至也○張預曰兵所愛者便利之地我欲先據當微露其意與之相期敵方趨之我乃後發而先至也所以使敵先

趨者恐我至而敵不來也故曰爭地吾將趨其後

踐墨隨敵以決戰事

曹操曰行踐規矩無常也○李筌曰墨者出道也出遲道而從之恐不及○杜牧曰墨規矩也言我常須踐履規矩深守法制隨敵人之形若有可乘之勢則出而決戰也○陳皥曰兵雖要在迅速以決戰事然自始及末須守法制縱獲勝捷亦不可爭競擾亂也城濮之戰晉文公登有莘之墟以望其師曰少長有禮其可用也　踐墨一作剗墨○賈林曰剗除也墨繩墨也隨敵計以決戰事惟勝

是利不可守以繩墨而爲○梅堯臣曰舉動必踐法度而隨敵屈伸因利以決戰也○王晳曰踐兵法如繩墨然後可以順敵決勝○張預曰循守法度踐履規矩隨敵變化形勢無常乃可以決戰取勝墨繩墨也婦人左右前後跪起皆中規矩繩墨是也

是故始如處女敵人開戶後如脫兔敵不及拒

曹操李筌曰處女示弱脫兔往疾也杜牧曰言敵人初時謂我無所能爲如處女之弱我因急去攻之險迅疾速如兔之脫走不可捍拒也或曰我避

敵走如脫兔曰非也○梅堯臣曰始若處女踐規矩之謂也後若脫兔應敵決戰之速也○王晳曰處女隨敵也開戶不虞也脫兔疾也若田單守卽墨而破燕軍是也○張預曰守則如處女之弱令敵懈怠是以啓隙攻則猶脫兔之疾乘敵倉卒是以莫禦太史公謂田單守卽墨攻騎刧正如此語不其然乎

孫子集註卷之十一

孫子集註卷之十二

火攻篇

曹操曰以火攻人當擇時日也○王皙曰助兵取勝戒虛發也○張預曰以火攻敵當使姦細潛行地里之遠近途徑之險易先熟知之乃可往故次九地

孫子曰凡火攻有五一曰火人

李筌曰焚其營殺其士卒也○杜牧曰焚其營柵因燒兵士吳起曰凡軍居荒澤草木幽穢可焚而滅蜀先主伐吳吳將陸遜拒之於夷陵先攻一營不利諸將曰空殺兵耳遜曰吾已曉破敵之術矣乃勑各持一把茅以火攻拔之一爾勢成通率諸軍同時俱攻斬張南馮習及胡王沙摩柯等破四

十餘營死者萬數備因夜遁軍資器械略盡遂歐血而殂○梅堯臣曰焚營柵荒穢以助攻戰也○何氏曰魯桓公世焚邾婁之咸丘始以火攻也後世兵家者流故五火之攻以佐取勝之道也如後漢班超使西域到鄯善初夜將吏士奔虜營會天大風超令十人持鼓藏虜舍後約曰見火燃皆當鳴鼓大呼餘人悉持兵弩夾門而伏超順風縱火前後鼓譟虜衆驚亂超手格殺三人餘衆悉燒死又皇甫嵩率兵討黃巾賊張角嵩保長社賊來圍城嵩兵少軍中皆恐召軍吏謂曰兵有奇變不在

衆寡今賊依草結營易爲風火若因夜縱火必大驚亂吾出兵擊之其功可成其夕遂大風嵩乃約勒軍士皆束苣乘城使鋭士間出圍外縱火大呼城上舉燎應之嵩因鼓而奔其陳賊驚亂奔走大破之又五代梁太祖乾寧中親領大軍由鄆州東路北次於魚山朱宣覘知即以兵徑至且圖速戰帝整軍出砦時宣瑾已陳於前須臾東南風大起帝軍旌旗失次甚有懼色帝即令騎士揚鞭呼嘯俄而西北風驟發時而軍皆在草莽中帝因令縱火既而煙燄亘天乘勢以攻賊陳宣瑾大破餘衆

擁入清河因築京觀於魚山之下又後唐伐蜀王
部任圜以大軍至漢州康延孝來逆戰圜命董璋
以東川懦卒當其鋒伏精兵於其後延孝擊退東
川之軍急追之遇伏兵延孝敗馳入漢州閉壁不
出西川孟知祥以兵二萬與圜令勢攻之漢州四
面樹竹木爲柵三月圜陳于金鴈橋卽率諸軍鼓
譟而進四面縱火風燄亘空延孝危急引騎出陳
于金鴈橋又大敗之○張預曰焚彼營舍以殺其
士火攻之先也班超焼匈奴使者是也

二曰火積

李筌曰焚積聚也○杜牧曰積者積蓄也糧食薪芻是也高祖與項羽相持成皐爲羽所敗北渡河得張耳韓信軍軍脩武深溝高壘使劉賈將二萬人騎數百渡白馬津入楚地燒其積聚以破其業楚軍乏食隋文帝時高熲獻取陳之策曰江南土薄舍多茅竹所有儲積皆非地窖可密遣行人因風縱火待彼修葺復更燒之不出數年自可財力俱盡帝行其策由是陳人益弊○梅堯臣曰焚其委積以困芻糧○張預曰焚其積聚使芻糧不足故曰軍無委積則亡劉賈燒楚積聚是也

三曰火輜四曰火庫
李筌曰焼其輜重焚其庫室○杜牧曰器械財貨及軍士衣裝在車中上道未止曰輜在城營壘已有止舍曰庫其所藏二者皆同後漢末袁紹相許攸降曹公曰今袁氏輜重有萬餘兩車屯軍不嚴今以輕兵襲之不意而至焚其積聚不過三日袁氏自敗公大喜選精騎五千皆用袁氏旗幟銜枚縛馬口從間道出入抱束薪所歷道有問者語之曰袁公恐曹操抄略後軍遣兵以益備聞者信以爲然皆自若既至圍屯大放火營中驚亂因大破

之輜重悉焚之矣○陳皥曰夫敵有愛惜之物亦可以攻之彼若出救是我以火分其勢也更遇其心神撓惑自可破軍殺將也梅堯臣曰焚其輜重以窘貨財焚其庫室以空蓄聚○何氏曰如前秦苻堅遣將王猛伐前燕慕容暐師至潞川燕將慕容評率兵四十萬禦之以持久制之猛遣將郭慶率步騎五千夜從間道起火於晉山燒評輜重火見鄴中因而滅之○張預曰焚其輜重使器用不供故曰軍無輜重則亡曹操燒袁紹輜重是也焚其府庫使財貨不充故曰軍無財則士不來

五曰火隊

李筌曰焚其隊伏兵器○杜牧曰焚其行伍因亂而擊之○梅堯臣曰焚其隊仗以奪兵具隊一作隧○賈林曰隧道也燒絶糧道及轉運也○何氏同賈林註○張預曰焚其隊仗使兵無戰具故曰器械不利則難以應敵也

行火必有因

曹操曰因姦人○李筌曰因姦人而內應也○陳皥曰須得其便不獨姦人○賈林曰因風燥而焚之○張預曰凡火攻皆因天時燥旱營舍茅竹積

芻粟糧居近草莽因風而焚之

煙火必素具

曹操曰煙火燒具也○李筌曰薪芻蒿艾糧糞之屬○杜牧曰艾蒿荻葦薪芻膏油之屬先須修事以備用兵法有火箭火簾火杏火兵火獸火禽火盜火弩凡此者皆可用也○梅堯臣曰潛姦伺隙必有便也秉秆持燧必先備也傳曰惟事事有備乃無患也○張預曰貯火之器燃火之物常須預備伺便而發

發火有時起火有日

梅堯臣曰不妄發也○張預曰不可偶然當伺時

日

時者天之燥也

曹操曰燥者旱也○梅堯臣曰旱熯易燎○張預曰天時旱燥則火易燃

日者月在箕壁翼軫也凡此四宿者風起之日也

李筌曰天文志月宿此者多風王經云常以月加日從營室順數十五至翼月在宿於此也○杜牧曰宿者月之所宿也四宿者風之使也○梅堯臣曰箕龍尾也壁東壁也翼軫鶉尾也宿在者謂月

之所次也四宿好風月離必起○張預曰四星好風月宿則起當推步躔次知所宿之日則行火一說春丙丁夏戊巳秋壬癸冬甲乙此日有疾風猛雨又占風法取雞羽重八兩掛於五丈竿上以候風所從來四宿即箕壁翼軫也

凡火攻必因五火之變而應之

梅堯臣曰因火爲變以兵應之○張預曰因其火變以兵應之五人即人積輜庫隊也

火發於内則早應之於外

曹操曰以兵應之也○李筌曰乘火勢而應之也

○杜牧曰凡火乃使敵人驚亂因而擊之非謂空以火敗敵人也聞火初作卽攻之若火闌衆定而攻之當無益故曰早也○杜佑曰使間人縱火於敵營內當速進以攻其外也○梅堯臣曰內若驚亂外以兵擊○張預曰火纔發於內則兵急擊於外表裏齊攻敵易驚亂

火發兵靜者待而勿攻

杜牧曰火作不驚敵素有備不可遽攻須待其變者也○梅堯臣曰不驚撓者必有備也○王晳曰以不變也○何氏曰火作而敵不驚呼者有備也

我往攻則返或受害○張預曰火雖發而兵不亂者敵有備也復防其變故不可攻

極其火力可從而從之不可從而止

曹操曰見可而進知難而退○李筌曰夫火發兵不亂不可攻○杜牧曰俟火盡已來若敵人擾亂則攻之若敵終靜不擾則收兵而退也○杜佑曰見利則進知難則退極盡也盡火力可則應不可則止無使敵知其所爲○梅堯臣曰極其火勢待其變則攻不變則勿攻○王晳曰伺其變亂則乘之終不變亂則自治而蓄力○何氏曰如魏滿寵

征吴勑諸將曰今夕風甚猛賊必來燒我營宜爲之備諸軍皆警夜半果來燒營寵掩擊破之者是也○張預曰盡其火勢變亂則攻安靜則退

火可發於外無待於内以時發之

李筌曰魏武破袁紹於官渡用許攸計燒輜重萬餘則其義也○杜牧曰上文云五火變須發於内若敵居荒澤草穢或營柵可焚之地即須及時發火不必更待内發作然後應之恐敵人自燒野草我起火無益漢時李陵征匈奴戰敗爲單于所逐及於大澤匈奴於上風縱火陵亦先放火燒斷蒹

葭用絶火勢○陳皥曰以時發之所謂天之燥日之宿在四星也○賈林曰火可發於外不必待内應得時即應發不可拘於常勢也梅堯臣同杜牧註○張預曰火亦可發於外不必須待作於内但有便則應時而發黄巾賊張角圍漢將皇甫嵩於長社賊依草結營嵩使鋭士間出圍外縱火大呼城上舉燎應之嵩因鼓而奔其陳賊驚亂遂敗走

火發上風無攻下風

曹操曰不便也○李筌曰隋江東賊劉元進攻王世充於延陵令把草東方因風縱火俄而廻風悉

燒元進營軍人多死者杜牧曰若是東則焚敵之東我亦隨以攻其東若火發東面攻其西則與敵人同受也故無攻下風則順風也若舉東可知其他也○梅堯臣曰逆火勢非便也敵必死戰○王晳曰或擊其左右可也○張預曰燒之必退退而逆擊之必死戰則不便也

晝風久夜風止

曹操曰數當然也○李筌曰不知始也○杜牧曰老子曰飄風不終朝○梅堯臣曰凡晝風必夜止夜風必晝止數當然也○王晳同梅堯臣註○張

預曰晝起則夜息數當然也故老子曰飄風不終朝

凡軍必知有五火之變以數守之

杜牧曰須筭星躔之數守風起日乃可發火不可偶然而爲之○杜佑曰旣知起五火五變當復以數消息其可否○梅堯臣曰數星之躔以候風起之日然而發火亦當自防其變○張預曰不可止知以火攻人亦當防人攻已推四星之度數知風起之日則嚴備守之

故以火佐攻者明

梅堯臣曰明白易勝○張預曰用火助攻灼然可以取勝

以水佐攻者強

杜佑曰水以爲衝故強○梅堯臣曰勢之強也張預曰水能分敵之軍彼勢分則我勢強

水可以絕不可以奪

曹操曰火佐者取勝明也水佐者但可以絕敵道分敵軍不可以奪敵蓄積○李筌曰軍者必守術數而佐之水火所以明強也光武之敗王莽魏武之擒呂布皆其義也以水絕敵人之軍分爲二則

可難以奪敵人之蓄積○杜牧曰水可絶敵糧道
絶敵救援絶敵奔逸絶敵衝擊不可以水奪險要
蓄積也○王晳曰强者取其決注之暴○張預曰
水止能隔絶敵軍使前後不相及取其一時之勝
然不若火能焚奪敵之積聚使之滅亡若韓信決
水斬楚將龍且是一時之勝也曹公焚袁紹輜重
紹因以敗是使之滅亡也水不若火故詳於火而
略於水

夫戰勝攻取而不修其功者凶命曰費留

曹操曰若水之留不復還也或曰賞不以時但費

留也賞善不踰日也○李筌曰賞不踰日罰不踰時若功立而不賞有罪而不罰則士卒疑惑日有費也○杜牧曰修者舉也夫戰勝攻取若不藉有功舉而賞之則三軍之士必不用命也則有凶咎徒留滯費耗終不成事也○賈林曰費留惜費也○梅堯臣曰欲戰必勝攻必取者在因利乘便能作爲功也作爲功者修火攻水攻之類不可坐守其利也坐守其利者凶也是謂費留矣○王晳曰戰勝攻取而不修功賞之差則人不勸不勸則費財老師凶害也已○張預曰戰攻所以能必勝必

取者水火之助也水火所以能破軍敗敵者士卒之用命也不修舉有功而賞之凶咎之道也財竭師老而不得歸費留之謂也

故曰明主慮之良將修之

杜牧曰黄石公曰夫覇者制士以權結士以信使士以賞信衰則士疏賞虧則士不爲用○賈林曰明主慮其事良將修其功○梅堯臣曰始則君發其慮終則將修其功○張預曰君當謀慮攻戰之事將當修舉尅捷之功

非利不動

李筌曰明主賢將非見利不起兵○杜牧曰先見起兵之利然後兵起○梅堯臣曰凡兵非利於民不與也一作非利不起也

非得不用

杜牧曰先見敵人可得然後用兵○賈林曰非得其利不用也

非危不戰

曹操曰不得已而用兵○李筌曰非至危不戰○梅堯臣曰凡用兵非危急不戰也所以重凶器也○張預曰兵凶器戰危事須防禍敗不可輕舉不

得已而後用

主不可以怒而興師

王晳曰不可但以怒也若息侯伐鄭○張預曰因怒興師不亡者鮮若息侯與鄭伯有違言而伐鄭君子是以知息之將亡

將不可以慍而致戰

王晳曰不可但以慍也若晉趙穿○張預曰因忿而戰罕有不敗若姚襄怒苻堅黃眉壓壘而陳因出戰為黃眉所敗是也怒大於慍故以主言之慍小於怒故以將言之君則可以興兵將則止可言

戰

合於利而動不合於利而止

曹操曰不得以己之喜怒而用兵也○賈林曰慍怒內作不顧安危固不可也○杜佑曰人主聚衆興軍以道理勝負之計不可以己之私怒將舉兵則以策不可以慍恚之故而合戰也○梅堯臣曰兵以義動無以怒興戰以利勝無以慍敗○張預曰不可因己之喜怒而用兵當顧利害所在尉繚子曰兵起非可以忿也見勝則興不見勝則止

怒可以復喜慍可以復悅

張預曰見於色者謂之喜得於心者謂之悅
亡國不可以復存死者不可以復生
杜牧曰亡國者非能亡人之國也言不度德不量力因怒興師因慍合戰則其兵自死其國自亡者也○杜佑曰凡主怒興軍伐人無素謀明計則破亡矣將慍怒而鬭倉卒而合戰所傷殺必多怒慍復可以說喜言亡國不可復存死者不可復生者言當慎之○梅堯臣曰一時之怒可返而喜也一時之慍可返而說也國亡軍死不可復已○王晳曰喜怒無常則威信去矣　張預曰君因怒而興

兵則國必亡將因慍而輕戰則士必死

故明君慎之良將警之此安國全軍之道也

杜牧曰警言戒之也○梅堯臣曰主當慎重將當

警懼○張預曰君常慎於用兵則可以安國將常

戒於輕戰則可以全軍

孫子集註卷之十二

用間篇曹操李筌曰戰者必用間諜以知敵之情實也○張預曰欲素知敵情者非間不可也然用間之道尤須微密故次火攻也

孫子曰凡興師十萬出征千里百姓之費公家之奉日費千金內外騷動怠於道路不得操事者七十萬家

曹操曰古者八家爲鄰一家從軍七家奉之言十萬之師舉不事耕稼者七十萬家○李筌曰古者發一家之兵則鄰里三族共資之是以不得耕作者七十萬家而資十萬之衆矣○杜牧曰古者一

夫田一頃夫九頃之地中心一頃鑿井樹廬八家居之是爲井田急疲也言七十萬家奉十萬之師轉輸疲於道路也○梅堯臣曰輸糧供用公私煩役疲於道路廢於耒耜也曹説是也○張預曰井田之法八家爲鄰一家從軍七家奉之興兵十萬則輟耕作者七十萬家也或問曰重地則掠疲於道路而轉輸何也曰非止運糧亦供器用也且兵貴掠敵者謂深踐敵境則當備其乏故須掠以繼食非專館穀於敵也亦有磧鹵之地無糧可因得不餉乎

相守數年以爭一日之勝而愛爵祿百金不知敵之情者不仁之至也

李筌曰惜爵賞不與間諜令窺敵之動靜是為不仁之至也○杜牧曰言不能以厚利使間也○梅堯臣曰相守數年則七十萬家所費多矣而乃惜爵祿百金之微不以遺間釣情取勝是不仁之極也○王晳曰捨財賞不用間也○張預曰相持且久七十萬家財力一困不知恤此而反靳惜爵賞之細不以啗間求索知敵情者不仁之甚也

非人之將也

梅堯臣曰非將人成功者也

非主之佐也

一本作非仁之佐也○梅堯臣曰非以仁佐國者也

非勝之主也

梅堯臣曰非致勝主利者也張預曰不可以將人不可以佐主不可以主勝勤勤而言者嘆惜之也

故明君賢將所以動而勝人成功出於衆者先知也

李筌曰爲間也○杜牧曰知敵情也○梅堯臣曰主不安動動必勝人將不苟功功必出衆所以者

何也在預知敵情也○王晳曰先知敵情制勝如
神也○何氏曰周官士師掌邦諜蓋異國間伺之
謂也故兵家之有四機二權曰事幾曰智權皆善
用間諜者也故能敵人動靜我預知矣韋孝寬爲
驃騎大將軍鎮玉壁孝寬善於撫御能得人心所
遣間諜入齊者皆爲盡力亦有齊人得孝寬金貨
遥通書疏故齊之動靜朝廷皆先知之時有主帥
許盆孝寬委以心膂令守一戍盆乃以城東入孝
寬怒遣諜取之俄而斬首而還其能致物情如此
又李達爲都督義州弘農等二十一防諸軍事每

厚撫境外之人使爲間諜敵中動靜必先知之至
有事泄被誅戮者亦不以爲悔其得人心也如此
○張預曰先知敵情故動則勝人功業卓然超絕
羣衆

先知者不可取於鬼神
張預曰視之不見聽之不聞不可以禱祀而取

不可象於事
曹操曰不可以禱祀而求亦不可以事類而求也
○李筌曰不可取於鬼神象類唯間者能知敵之
情○杜牧曰象者類也言不可以他事比類而求

○梅堯臣曰不可以卜筮知也不可以象類求也
○張預曰不可以事之相類者擬象而求
不可驗於度
曹操曰不可以事數度也○李筌曰度數也夫長短闊狹遠近小大卽可驗之於度數人之情僞度不能知也○梅堯臣曰不可以度數驗也言先知之難也○張預曰不可以度數推驗而知
必取於人知敵之情者也
曹操曰因人也○李筌曰因間人也○梅堯臣曰鬼神之情可以卜筮知形氣之物可以象類求天

地之理可以度數驗唯敵之情必由間者而後知
也○張預曰鬼神象類度數皆不可以求先知必
因人而後知敵情也
故用間有五有因間有内間有反間有死間有生間
梅堯臣曰五間之名也○張預曰此五間之名因
間當爲鄉間故下文云鄉間可得而使
五間俱起莫知其道是謂神紀人君之寶也
曹操曰同時任用五間也○李筌曰五間者因五
人用之○杜牧曰五間俱起者敵人不知其情泄
形露之道乃神鬼之綱紀人君之重寶也○梅堯

臣曰五間俱起以間敵而莫知我用之之道是曰神妙之綱紀人君之所貴也○王晳曰五間俱起人不之測是用兵神妙之大紀人主之重寶也○賈林曰紀理也言敵人但莫知我以何道如通神理也○張預曰五間循環而用人莫能測其理玆乃神妙之綱紀人君之重寶也

因間者因其鄉人而用之

杜牧曰因敵鄉國之人而厚撫之使爲間也晉豫州刺史祖逖之鎮雍丘愛人下士雖疎交賤隸皆恩禮而遇之河上堡固先有任子在胡者皆聽兩

屬時遣游軍僞抄之明其未附諸塢王感戴胡有異圖輒密以聞前後尅獲蓋由於此西魏韋孝寬使齊人斬許盆而來循其義也○賈林曰讀因間爲鄉間○杜佑曰因敵鄉人知敵表裏虛實之情故就而用之可使伺候也○梅堯臣曰因其國人利而使之○何氏曰如春秋時楚師伐宋九月不服將去宋楚大夫申叔時曰築室反耕者宋必聽命楚子從之宋人懼使華元夜入楚師登子反之牀起之曰寡君使元以病告曰弊邑易子而食析骸而爨雖然城下之盟有以國斃不能從也去我

三十里唯命是聽子反懼與之盟而告楚子退三十里宋及楚平〇張預曰因敵國人知其底裏就而用之可使伺候也韋孝寬以金帛啗齊人而齊人遙通書疏是也

內間者因其官人而用之

李筌曰因敵人失職之官魏用許攸也〇杜牧曰敵之官人有賢而失職者有過而被刑者亦有寵嬖而貪財者有屈在下位者有不得任使者有欲因敗喪以求展己之材能者翻覆變詐常持兩端之心者如此之官皆可以潛通問遺厚貺金帛而

結之因求其國中之情察其謀我之事復間其君臣使不和同也○杜佑曰因在其官失職者若形戮之子孫與受罰之家也因其有隙就而用之○梅堯臣曰因其官屬結而用之○何氏曰如益州牧羅尚遣將隗伯攻蜀賊李雄於郫城互有勝負雄乃募武都人朴泰鞭之見血使譎羅尚欲爲内應以火爲期尚信之悉出精兵遣隗伯等率兵從泰擊雄雄將李驤於道設伏泰以長梯倚城而舉火伯軍見火起而爭緣梯泰又以繩汲上尚軍百餘人皆斬之雄因放兵内外擊之大破尚軍此用

内間之勢也又隋陰壽爲幽州總管高寶寧舉兵反壽討之寶寧奔于磧北壽班師留開府成道昂鎮之寶寧遣其子僧伽率輕騎掠城下而去尋引契丹靺鞨之衆來攻道昂苦戰連月乃退壽患之於是重賂寶寧又遣人陰間其所親任者趙世模王威等月餘世模率其衆降寶寧復走契丹爲其麾下趙修羅所殺北邊遂安又唐太宗討竇建德入武牢進薄其營多所傷殺凌敬進説曰宜悉兵濟河攻取懷州河陽使重將居守更率衆鳴鼓建旗踰太行入上黨先聲後實傳檄而定漸趨壺口

稍駭蒲津收河東之地此策之上也行必有三利一則入無人之境師有萬全二則拓土得兵三則鄭圍自解建德將從之王世充之使長孫安世陰齎金玉啗其諸將以亂其謀衆咸進諫曰凌敬書生耳豈可與言戰乎建德從之退而謝敬曰今衆心甚銳此天贊我矣因此決戰必然大捷已依衆議不得從公言也敬固爭建德怒扶出馬於是悉衆進逼武牢太宗按甲挫其銳建德中搶竄於牛口渚車騎將軍白士讓楊武威生獲之又王翦爲秦將攻趙趙使李牧司馬尚禦之李牧數破走秦

軍殺秦將桓齮翦惡之乃多與趙王寵臣郭開等
金使為反間曰李牧司馬尚欲與秦廢趙以多取
封於秦趙王疑之使趙葱及顏聚代將斬李牧廢
司馬尚後三月翦因急擊趙大破殺趙葱虜趙王
遷及其將顏聚也○張預曰因其失意之官或刑
戮之子弟凡有隙者厚利使之晉任析公吳納子
胥皆近之

反間者因其敵間而用之

李筌曰敵有間來窺我得失我厚賂之而令反為
我間也○杜牧曰敵有間來窺我我必先知之或

厚賂誘之反爲我用或佯爲不覺示以僞情而縱之則敵人之間反爲我用也陳平初爲漢王護軍尉項羽圍於滎陽城漢王患之請割滎陽以西和項王弗聽平曰顧楚有可亂者彼項王骨鯁之臣亞父鍾離眛龍且周殷之屬不過數人耳大王能出捐數萬斤金行反間間其君臣以疑其心項王爲人意忌信讒必內相誅漢因舉兵而攻之破楚必矣漢王以爲然乃出黃金四萬斤與平恣所爲不問出入平既多以金縱反間於楚軍宣言諸將鍾離眛等爲項王將功多矣然終不得利地而王

欲與漢爲一以滅項氏分王其地項王果疑之使
使至漢漢爲太牢之具舉進見楚使卽陽驚曰吾
以爲亞父使乃項王使也復持去以惡草具進楚
使使歸具以報項王果大疑亞父亞父欲急擊下
滎陽城項王不信不肯聽亞父亞父聞項王疑之
乃大怒疽發而死卒用陳平之計滅楚也○梅堯
臣曰或以僞事紿之或以厚利啗之○王晳曰反
間反爲我間也或留之使言其情又或示以詭形
而遣之○何氏曰如燕昭王以樂毅爲將破齊七
十餘城及惠王立與樂毅有隙齊將田單乃縱反

間於燕宣言曰齊王已死城之不拔者二耳樂毅畏誅而不敢歸以伐齊爲名實欲連兵南面而王齊齊人未附故且緩即墨以待其事齊人戍懼唯恐他將之來即墨殘矣燕王以爲然使騎劫代樂毅燕人士卒離心單又縱反間曰吾懼燕人掘吾城外冢墓戮辱先人燕軍從之即墨人激怒請戰大破燕師所亡七十餘城悉復之又秦師圍趙閼與趙將趙奢救之去趙國都三十里不進秦間來奢善食遣之間以報秦將以爲奢師怯弱而止不行奢隨而卷甲趨秦師擊破之又范雎爲秦昭王

相使左庶長王齕攻韓取上黨上黨民走趙趙軍長平齕因攻趙趙使廉頗將廉頗堅壁以待秦秦數挑戰趙兵不出趙王數以爲讓而睢使人行千金於趙爲反間曰秦之所惡獨畏趙括耳廉頗軍易與且降矣趙王旣怒廉頗軍多亡失數敗又反堅壁不戰又聞秦反間之言因使括代頗秦聞括將以白起爲上將軍射殺括及坑降卒四十萬〇張預曰敵有間來或重賂厚禮以結之告以僞辭或佯爲不知踪而慢之示以虛事使之歸報則反爲我利也趙奢善食秦間漢軍佯驚楚使是也

死間者爲誑事於外令吾間知之而傳於敵間也○李筌曰情詐爲不足信吾知之令吾動也間而待之此筌以待字爲非傳也○杜牧曰誑者詐也言吾間在敵未知事情我則詐立事跡令吾間憑其詐迹以輸誠於敵而得敵信也若吾進取與詐跡不同間者不能脫則爲敵所殺故曰死間也漢王使酈生說齊下之齊罷守備韓信因而襲之田横怒烹酈生此事相近○杜佑曰作誑詐之事於外佯漏泄之使吾間知之吾間至敵中爲敵所得必以誑事諭敵敵從而備之吾所行不然間則死矣

又云敵間來聞我誑事以持歸然皆非所圖也二間皆不能知幽深密故曰死間也蕭世誠曰所獲敵人及以判亡軍士有重罪繫者故為貸免相勑勿泄佯不祕密令敵間竊聞之吾因縱之使亡亡必歸敵必信焉往必死故曰死間梅堯臣曰以誑告敵事乖必殺○王皙曰詐吾聞使敵得之間以吾詐告敵事決必殺之也○何氏曰如戰國鄭武公欲伐胡先以其子妻胡因問羣臣曰吾欲用兵誰可伐者大夫關思期曰胡可武公怒而戮之曰胡兄弟之國子言伐之何也胡君聞之以鄭為親

已不備鄭襲而取之此用死間之勢也又班超發
于闐諸國兵擊莎車龜玆二國場言兵少不敵罷
散乃陰緩生口歸以告龜玆王喜而不虞超即潛
勒兵馳赴莎車大破降之斯亦同死間之勢又李
靖伐突厥頡利可汗以唐儉先在突厥結和親突
厥不備靖因掩擊破之○張預曰欲使敵人殺其
賢能乃令死士持虛僞以赴之吾間至敵爲彼所
得彼以誑事爲實必俱殺之我朝曹太尉嘗貸人
死使僞爲僧吞蠟彈入西夏至則爲其所囚僧以
彈告即下之開讀乃所遺彼謀臣書也戎主怒誅

其臣犴殺間僧此其義也然死間之事非一或使吾間詒敵約和我反伐之則間者立死酈生亨於齊王唐儉殺於突厥是也

生間者反報也

李筌曰往來之使○杜牧曰往來相通報也生間者必取内明外愚形劣心壯趫捷勁勇閑於鄙事能忍饑寒垢耻者爲之○賈林曰身則公行心乃私覘往反報復常無所害故曰生間○杜佑曰擇已有賢材智謀能自開通於敵之親貴察其動静知其事計 所爲已知其實還以報我故曰生間

○梅堯臣曰使智辨者往覘其情而以歸報也○何氏曰如華元登子反之牀而歸又如隋達奚武爲東秦刺史時齊神武趣沙苑太祖遣武覘之武從三騎皆衣敵人衣服至日暮去營數百步下馬潛聽得其軍號因上馬歷營若警夜者有不如法者往往撻之具知敵之情狀以告太祖太祖深嘉焉遂破之○張預曰選智能之士往視敵情歸以報我若婁敬知匈奴之强以告高祖之類然生間之事亦衆或已欲退告敵以戰或已欲戰告敵以退若秦行人夜戒晉師曰來日請相見臾駢曰使

者目動而言肆懼我也秦果夜遁又吕延攻乞伏乾歸大敗之乾歸乃遣間稱東奔成紀延信而追之耿稚曰告者視高而色動必有姦計延不從遂爲所敗是也

故三軍之事莫親於間

杜牧曰受辭指蹤在於卧内○杜佑曰若不親撫重以禄賞則反爲敵用洩我情實○梅堯臣曰入幄受詞最爲親近○王晳曰以腹心親結之○張預曰三軍之士然皆親撫獨於間者以腹心相委是最爲親密也

賞莫厚於間

杜佑曰以重賞賞之而賴其用〇梅堯臣曰爵祿金帛我無愛焉〇王晳曰軍功之賞莫厚於此〇張預曰非高爵厚利不能使間陳平曰願出黃金四十萬斤間楚君臣

事莫密於間

杜牧曰出口入耳也密一作審〇杜佑曰間事不密則爲已害〇梅堯臣曰幾事不密則害成〇王晳曰獨將與謀〇張預曰惟將與間得聞其事

非密與

非聖智不能用間
杜牧曰先量間者之性誠實多智然後可用之厚貌深情險於山川非聖人莫能知○梅堯臣曰知其情僞辨其邪正則能用○王晳曰聖通而先識智明於事○張預曰聖則事無不通智則洞照幾先然後能爲間事或曰聖智則能知人
非仁義不能使間
陳皡曰仁者有恩以及人義者得宜而制事主將者旣能仁結而義使則間者盡心而覘察樂爲我用也○孟氏曰太公曰仁義著則賢者歸之賢者

歸之則其間可用也○梅堯臣曰撫之以仁示之以義則能使○王晳曰仁結其心義激其節仁義使人有何不可○張預曰仁則不愛爵賞義則果決無疑既啗以厚利又待以至誠則間者竭力

非微妙不能得間之實

杜牧曰間亦有利於財寶不得敵之實情但將虛辭以赴我約此須用心淵妙乃能酌其情僞虛實也○杜佑曰用意密而不漏○梅堯臣曰防間反爲敵所使思慮故宜幾微臻妙○王晳曰謂間者必性識微妙乃能得所間之事實○張預曰間以

利害來告須用心淵微精妙乃能察其眞僞

微哉微哉無所不用間也

杜牧曰言每事皆須先知也○梅堯臣曰微之又微則何所不知○王晳曰丁寧之當事事知敵之情也○張預曰密之又密則事無巨細皆先知也

間事未發而先聞者間與所告者皆死

杜牧曰告者非誘間者則不得知間者之情殺之可也○陳皥曰間者未發其事有人來告其聞者所告者亦與間者俱殺以滅口無令敵人知之○梅堯臣曰殺間者惡其泄殺告者滅其言○何氏

曰兵謀大事泄者當誅告人亦殺恐傳諸衆○張預曰間敵之事謀定而未發忽有聞者來告必與間俱殺之一惡其泄一滅其口秦已間趙不用廉頗秦乃以白起爲將令軍中曰有泄武安君將者斬此是已發其事尚不欲泄況未發乎

凡軍之所欲擊城之所欲攻人之所欲殺必先知其守將左右謁者門者舍人之姓名令吾間必索知之

李筌曰知其姓名則易取也○杜牧曰凡欲攻戰先須知敵所用之人賢愚巧拙則量材以應之漢王遣韓信曹參灌嬰擊魏豹問曰魏大將誰也對

曰柏直漢王曰是口尚乳臭不能當韓信騎將誰也曰馮敬曰是秦將馮無擇子也雖賢不能當灌嬰步卒將誰也曰項它曰是不能當曹參吾無患矣○陳皥曰此言敵人左右姓名必須我先知之或敵使間來我當使間去若不知其左右姓名則不能成間者之說漢高伐秦至嶢關張良曰吾聞其將賈豎爾可以私啗之又曰其將雖曰欲和其軍士未肯不如因其懈而擊之乃進兵擊破之又宋華元夜登子反之床以告宋病若非素知門人舍人左右姓名先使間導之又何由得登其床也

〇杜佑曰守謂官守職任者謁告也主告事者也門者守門者也舍人守舍之人也必先知之爲親舊有急則呼之則不可不知亦因此知敵之情〇梅堯臣曰凡敵之左右前後之姓名皆須審省而令吾間先知則吾間可行矣〇王晳曰不可臨事求也〇張預曰守將守官任職之將也謁者典賓客之官也門者閽吏也舍人守舍之人也凡欲擊其軍欲攻其城欲殺其人必先知此左右之姓名則可也欲潛入其軍則呼其姓名而往若華元夜登子反之床以告宋病杜元凱註引比文謂元用

此術得以自通是也又漢高祖入韓信卧内取其
印亦近之
必索敵人之間來間我者因而利之導而舍之
杜佑曰舍居止也令吾人遺以重利復遇而舍之
則可令詭其辭
故反間可得而用也
曹操曰舍居止也○杜牧曰敵間之來必誘以厚
利而止舍之使爲我反間也○杜佑曰故能取敵
之間而用之○梅堯臣曰必探索知敵之來間者
因而利誘之引而舍止之然後可爲我反間也○

王晳曰此留敵間以詢其情者也必謹舍之曲爲辯說深致情愛然後啗以大利威以大刑自非至忠於其君王者皆爲我用矣○張預曰索求也求敵間之來窺我者因以厚利誘導而館舍之使反爲我間也言舍之者謂稽留其使也淹延既久論事必多我因得察敵之情下文言四間皆因反間而知非久留其人極論其事則何以悉知

因是而知之故鄉間內間可得而使也

杜牧曰若敵間以利導之尚可使爲我反間因此乃知厚利亦可使鄉間內間也此言使間非利不

可故上文云相守數年爭一日之勝而愛爵祿百金不知敵情者不仁之至也下文皆同其義也○陳皞曰此說踈也言敵使間來以利啗之誘令止舍因得敵之情因間内間可使反間誘而使之○杜佑曰因反敵間而知敵情鄉間者皆可得使○梅堯臣曰其國人之可使者其官人之可用者皆因反間而知之○張預曰因是反間知彼鄉人之貪利者官人之有隙者誘而使之

因是而知之故死間爲誑事可使告敵

張預曰因是反間知彼可誑之事使死間往告之

因是而知之故生間可使如期
杜牧曰可使往來如期○陳皥曰言五間皆循環相因惟生間可使如期○杜佑曰因誑事而知敵情生間往返可使知其敵之腹心所在○梅堯臣曰令吾間以誑告敵者須因反間而知敵之可誑也生間以利害覘敵情須因反間而知其疎密則可往得實而歸如期也○張預曰因是反間知彼之情故生間可往復如期也
五間之事主必知之
李筌曰孫子殷勤於五間主切知之

知之必在於反間故反間不可不厚也

杜牧曰鄉間內間死間生間四間者皆因反間知敵情而能用之故反間最切不可不厚也○杜佑曰人主當知五間之用厚其祿豐其財而反間者又五間之本事之要也故當在厚待○梅堯臣曰五間之始皆因緣於反間故當厚遇之○張預曰人主當用五間以知敵情然五間皆因反間而用則是反間者豈可不厚待之耶

昔殷之興也伊摯在夏

曹操曰伊摯伊尹也

周之興也呂牙在殷

曹操曰呂牙太公也○梅堯臣曰伊尹呂牙非叛於國也夏不能任而殷任之殷不能用而周用之其成大功者爲民也○何氏曰伊呂聖人之耦豈爲人間哉今孫子引之者言五間之用須上智之人如伊呂之才智者可以用間蓋重之之辭耳○張預曰伊尹夏臣也後歸于殷呂望殷臣也後歸于周伊呂相湯武以兵定天下者順乎天而應乎人也非同伯州犁之奔楚苗賁皇之適晉孤庸之在吳士會之居秦也

故惟明君賢將能以上智爲間者必成大功此兵之
要三軍之所恃而動也
李筌曰孫子論兵始于計而終於間者蓋不以攻
爲主爲將者可不慎之哉○杜牧曰不知敵情軍
不可動知敵之情非間不可故曰三軍所恃而動
李靖曰夫戰之取勝此豈求於天地在乎因人以
成之歷觀古人之用間其妙非一即有間其君者
有間其親者有間其賢者有間其能者有間其助
者有間其鄰好者有間其左右者有間其縱橫者
故子貢史廖陳軫蘇秦張儀范雎等皆憑此而成

功也且間之道有五焉有因其邑人使潛伺察而致辭焉有因其仕子故洩虛假令告示焉有因敵之使矯其事而返之焉有審擇賢能使覘彼向背虛實而歸說之焉有佯緩罪戾微漏我僞情浮計使亡報之焉凡此五間皆須隱祕重之以賞密之又密始可行焉若敵有寵嬖任以腹心者我當使間遺其珍玩恣其所欲順而旁誘之敵有重臣失勢不滿其志者我則啗以厚利詭相親附採其情實而致之敵有親貴左右多辭誇誕好論利害者我則使間曲情尊奉厚遺珍寶揣其所間而反間

之敵若使聘於我我則稽留其使令人與之共處
矯致慇懃僞相親暱朝夕慰論倍供珍味觀其辭
色而察之仍朝夕令使獨與己伴居我遣聰耳者
潛於複壁中聽之使既遲遠恐彼恠責必是竊論
心事我知事計遣使用之且夫用間間人亦用
間以間已以寄往人以寄來理須獨察於心參
會於事則不失矣若敵人來欲候我虛實察我動
靜覘知事計而行其間者我當佯爲不覺舍止而
善飯之微以我僞言誑事示以前却期會則我之
所須爲彼之所失者因其有間而反間之彼若將

我虛以爲實我卽乘之而得志矣夫水所以能濟舟亦有因水而覆没者間所以能成功亦有憑間而傾敗者若束髮事主當朝正色忠以盡節信以竭誠不詭伏以自容不權宜以爲利雖有善間其可用乎○陳皥曰晉伯州犂奔楚楚苗賁皇奔晉及晉楚合戰於　陵苗賁皇在晉侯之側伯州犂侍于楚王二人各言舊國長短之情然則晉所以勝楚者楚所以敗者其故何也二子則有優劣也是知用間之道間敵之情得不愼擇其人深究其說也故上文云非聖智莫能用間者夫聖智知人

人卽附之賢者受知則戮力爲効非聖非智必猜忌公道不啓仁義不施則義士賢人因而銜憤此將上天不祐幽有鬼神設無人事之變恐有陰誅之禍豈上智之士爲其用哉故上文云非仁義莫能使間然則湯武之聖伊呂宜用伊呂獲用事宜必濟聖賢一會交泰時乘道合乾坤功格寰宇當其耕夫於畎畝釣叟於渭濱知我者誰能無念也○賈林曰軍無五間如人之無耳目也○王晳曰未知敵情者不可動也○張預曰用師之本在知敵情故曰此兵之要也未知敵情則軍不可舉

故曰三軍所恃而動也然處十三篇之末者蓋用
非兵之常也若計戰攻形勢虛實之類兵動則用
之至於火攻與間則有時而爲耳

孫子集註卷之十三

ISBN 978-7-5149-2189-2

定價:198.00元(全二册)